TECHNISCHE & MENTALE STRATEGIEN

FÜR ERFOLGREICHES TRADING

D1620465

Mario Kofler

Technische und mentale Strategien für erfolgreiches Trading

Mario Kofler

Umschlaggestaltung: Ingrid Steiner „INBild Design"
Satz und Layout: Mario Kofler

Sämtliche Rechte an diesem Werk liegen beim Autor:
Mario Kofler, 33017 Tarcento (UD) - Italia

"Ich widme dieses Buch meinem Sohn Jonathan" (Mario Kofler)

INHALT

Vorwort...9

Kapitel 1: Triple-EMA...15
   I. Die Chartsettings...17
   II. Warum der 13er EMA..................................19
   III. Erkennen von Trends..................................20
      a.) Stellung der EMAs.............................20
      b.) Ausbruch aus Seitwärtsphasen.............21
      c.) Ausbruch aus Chartformationen............23
      d.) Fehlausbrüche...................................27
   IV. Trendfolge mit mehreren Einstiegen...........29
      a.) Arbeit mit dem Stop-Loss....................31
      b.) Der Einsatz von Take-Profit.................33
      c.) Manuelle Ausstiege............................34
   V. Die Wahl des richtigen Timeframes............36
      a.) Visuelle Suche..................................36
      b.) Trendanpassung...............................40
   VI. Erkennen einer bevorstehenden Trendwende...................43
      a) Überhitzung mit schneller Umkehr.........44
      b.) Einschlafen des Trends.......................48
      c.) Candlestick Umkehr............................50
      d.) Umkehr nach Signalen der Bollinger Bands...52
   VII. Triple-EMA während News......................55

Kapitel 2: Verhaltensregeln.................................61
   I. Plane deinen Trade und trade deinen Plan......63
   II. Halte Verluste kurz und lasse Gewinne laufen......64
   III. Identifiziere den Trend und folge dann dem Strom......65
   IV. Handle nie ohne Stop-Loss......................66
   V. Füge niemals Kapital zu einem verlierenden Trade hinzu..68
   VI. Handle nie ohne Bestätigung...................70

VII. Lockere nie deinen Stop-Loss............71
VIII. Ziel 1: Kapital schützen - Ziel 2: Profit............72
IX. Setze deinen Stop dorthin, wo er technisch sein muss......73
X. Trading ist kein Glücksspiel............73
XI. Kein Overtrading!............74
    Handel mit zu hoher Positionierung............74
    Handel mit zu hoher Frequenz............75
XII. Sei geduldig............77
    Geduld beim Einsteigen in eine Position............77
    Geduld beim Warten auf das Kursziel............78
    Geduld bei der gesamten Entwicklung............78
XIII. Sei nicht gierig............80
    Die Gier nach immer mehr............80
    Die Gier nach dem Schließen............81
    Die Gier den Verlust zu tilgen............82
XIV. Versuche dich nicht am Markt zu rächen!............83
    Rache wegen Verlusten............83
    Rache wegen entgangener Gewinne............84
XV. Es kommt immer wieder ein neuer Trade!............85

Kapitel 3: Bollinger Bands............89
I. Was sind Bollinger Bands............90
II. Die klassischen Grundsätze............91
    a.) Das Messen der Volatilität............92
    b.) Erkennen von Seitwärtsphasen............94
    c.) Erkennen eines Trends............95
    d.) Trendwende und Trendende............98
II. Fortgeschrittene Techniken............105
    a.) Erkennen von möglichen Fehlausbrüchen............105
    b.) Überhitzung............108
    c.) Kopf anstoßen............111
    d.) Entscheidungszone, Fortsetzung, Scheitern............112
    e.) Umkehr bei Wiedereintritt............117
    f.) Stop-Setzung............118

Kapitel 4: Der Weg zum Trader..121

  I. Beweggründe..122

      a.) Auf der Suche nach Freiheit...........................124

      b.) Auf der Suche nach einer neuen Aufgabe............125

      c.) Nicht zufrieden mit dem aktuellen Job.................127

      d.) Schon immer von der Börse fasziniert gewesen...129

      e.) Die Suche nach dem schnellen Geld....................129

  II. Lebenssituationen..131

      a.) Full-Time-Job oder kaum Zeit..........................132

      b.) Job aber genug Zeit....................................133

      c.) Noch im Job, aber nicht mehr zufrieden..............133

      d.) Selbstständig...134

      e.) Studenten..135

      f.) Arbeitslos mit oder ohne Kapital....................135

      g.) Aussteiger...136

      h.) Rentner und Vermögende.............................137

Kapitel 5: Vintage DAX "Der Handel ohne Charts".........141

  I. Die Chartsettings..144

  II. Tradeplan..145

  III. Beispiele..148

  IV. Optimierung...150

  V. Fazit..151

Kapitel 6: Suche nach Keylevels..............................155

  I. Die Werkzeuge..157

      a.) Moving Averages......................................157

      b.) Fibonacci-Retracement...............................158

      c.) Pivot Points...159

      d.) Unterstützung, Widerstand und Trendlinien........161

      e.) Psychologische Marken...............................163

      f.) Bollinger Bands..164

II. Die Achsen des Charts..165

III. Beispiel-Analysen...167

    a.) Abpraller von Flaggen-Unterseite..........................167

    b.) Bestätigung eines alten Widerstands...................169

    c.) Ohne zu wissen ob daraus etwas wird.................170

    d.) Retest bei Intraday-Ausbruch................................172

    e.) Formationstest in Verbindung mit Triple-EMA.....172

IV. Falsch liegen und trotzdem nichts verlieren.....................174

V. Das mentale Trostpflaster bei nicht gemachten Trades.....176

VI. Scalping mit Prognosekästchen..177

VII. Das wertvolle Gegensignal...178

Kapitel 7: Money und Trade Management.....................181

    I. Prozentregel oder fixe Pipzahl?.............................182

    II. Der Zinses-Zins-Effekt...186

    III. Trade Management...187

    a.) Analyse und Planung...188

    b.) Einstieg in den Markt..188

    c.) Stop-Loss auf Break-Even.....................................190

    d.) Kleiner Profit..190

    e.) Endziel: Großer Profit..191

    IV Praktisches Beispiel zum Trade Management.......192

    V. Chance-Risiko-Verhältnis (CRV)...........................196

    a.) Wo ist das Kursziel..196

    b.) Das ideale Verhältnis..198

Schlussworte...203

TECHNISCHE & MENTALE STRATEGIEN
FÜR ERFOLGREICHES TRADING

VORWORT
"Warum und weshalb?"

Vorwort

Jetzt ist es soweit, ich habe endlich mein Buch fertig und kann es Ihnen präsentieren.

Lange handelte ich ganz alleine und verlassen in meinem Büro, bis ich mich im Jahr 2011 plötzlich dazu entschlossen habe, meine Webseite FOREX-CRASH-KURS.de ins Leben zu rufen, um ein bisschen meines Wissens weiterzugeben.

Wenn man damit beginnt, sich mit dem Handel der Finanzmärkte zu befassen, dann lernt man wirklich viel. Es gibt jeden Tag etwas Neues zu entdecken und stündlich erfährt man Aha-Erlebnisse. Doch dieses Lernen hört nie auf. Auch heute lerne ich noch jeden Tag etwas Neues dazu. Es ist wichtig, sich genau davor nicht zu verschließen. Ich kenne Leute, die denken, dass sie bereits die Besten sind, da sie studiert haben oder einen wichtigen Beruf ausüben. Doch beim Trading startet jeder wieder als Kind, also ganz von vorne. Gerade wenn man hier zu voreingenommen und zu sehr von sich selbst überzeugt ist, führt das meistens dazu, dass man schnell sein Kapital verliert. Man nimmt jeden Tag neues Wissen auf und genau das veranlasste mich damals dazu, ein wenig von diesem Wissen wieder herauszulassen.

Eigentlich sollte es das gewesen sein, doch dann begann ich auch Webinare, Seminare und Coachings zu machen – ich bin da irgendwie reingerutscht. Von da an hatte ich eine zweite Aufgabe. Neben dem eigenen Trading half ich Neulingen dabei, sich am Markt zurechtzufinden und da mir diese Arbeit auch wirklich Spaß macht, war es auch nie ein Problem, dies in den Tradingalltag zu integrieren. Ich muss ganz ehrlich gestehen, dass mir diese Tätigkeit sogar ein wenig Farbe in das graue Traderleben gebracht hat.

Ich wollte immer ein Buch schreiben und seit ich trade, natürlich über dieses Thema. Doch ich fing unzählige Male an und blieb immer irgendwo hängen. Das Tagesgeschäft war dann doch wichtiger. Es war aber noch wie eine offene Rechnung, die ich begleichen musste und das hat mit meiner Vorgeschichte zu tun:

Ich war nie der beste Schüler, eigentlich sogar in vielen Klassen der schlechteste. Das lag aber nicht daran, dass ich zu dumm gewesen wäre, sondern war dadurch begründet, dass ich immer meinen eigenen Kopf hatte und mein eigenes Ding machen wollte. Im staatlichen Bildungssystem ist für so etwas natürlich kein Platz. Oft musste ich mir anhören, dass aus mir nichts wird, doch ich wusste stets, dass meine Zeit kommen wird. Als ich 17 Jahre alt war, entschloss ich mich, die Schule abzubrechen, um mich selbstständig zu machen. Viele Kritiker dachten, dass ich verrückt sei, da ich ja auf einen Schulabschluss gänzlich verzichtete. „Du wirst am Hungertuch nagen", „Du wirst nie einen Job bekommen" - solche Dinge musste ich mir anhören. Aber für mich war klar, ich will meinen eigenen Weg gehen und ich möchte mich auch nie für einen Job bewerben müssen. Deshalb verließ ich nur wenige Monate vor meinem 18. Geburtstag auch die Schule und machte mich dann sofort selbstständig. Am Anfang handelte ich mit Textilien, später mit allem, was man teurer wieder verkaufen konnte. Zwischenzeitlich beschäftigte ich mich auch mit Werbetechnik und stellte ein Getränk her. Ich machte also immer das, womit man gerade Geld verdienen konnte. Merkte ich, dass eine Branche nicht mehr so gut läuft, dann wechselte ich einfach in die nächste.

Fast zwangsläufig muss so ein Freidenker wie ich natürlich irgendwann einmal in Verbindung mit dem Handeln an den Finanzmärkten kommen. In meiner Anfangszeit als Selbstständiger hatte ich mich immer wieder mal für den Forexhandel interessiert, es aber nie wirklich weitergemacht. Meistens interessierte ich mich nur für wenige Wochen dafür, kam dann aber wieder davon ab. Zumindest wusste ich aber dadurch schon einmal, dass es diese Möglichkeit gibt.

Ein Schlüsselmoment war dann, als ich verstärkt mit Waren aus dem Vereinigtem Königreich handelte und sich der Wechselkurs zwischen Euro und dem Britischen Pfund zu meinem Nachteil entwickelte. Diese Kursbewegungen fraßen meine Gewinnspanne auf und da dachte ich mir: „Es muss doch irgendeine Möglichkeit geben, von diesen Kursschwankungen zu profitieren".

Sofort kam mir wieder der Forexhandel in den Sinn, mit dem ich mich im Vorfeld ja bereits einige Male beschäftigt hatte. An diesem Tag entschloss ich mich es wirklich durchzuziehen und solange zu lernen, bis es funktioniert.

In den darauffolgenden Monaten verschlang ich unzählige Bücher, Webinare und arbeitete an mir so gut ich konnte. Damals gab es auf dem deutschen Markt kaum gute Bücher oder Lernquellen, deshalb erarbeitete ich mein gesamtes Wissen in englischer Sprache. Dies ist auch noch heute sichtbar, denn mein Handelsstil ist stark von der amerikanischen Art zu traden beeinflusst. Die Amerikaner handeln definitiv anders als die Europäer oder Asiaten. Gerade Studien wie die Pivot Points oder die Bollinger Bands haben dort eine viel stärkere Bedeutung als bei uns, wobei man aber auch sagen muss, dass die Europäer in diesem Zusammenhang in den letzten Jahren stark aufgeholt haben.

Aufgrund dieser Vorgeschichte entstanden zwei offene Rechnungen die ich zu begleichen hatte. Erstens wollte ich das mangelnde Angebot an deutschsprachiger Forex-Bildung aufstocken. Da neben mir auch sehr viele andere Trader das Selbe taten, hat sich hier in den letzten Jahren sehr viel getan und inzwischen ist auch im deutschsprachigen Internet ausreichend Content vorhanden.

Die zweite offene Rechnung war es, ein Buch zu schreiben, um es meinen damaligen Lehrern und Kritikern zu zeigen. Ich bin mir sicher, dass es mir viele nicht zugetraut hätten, doch hier ist es.

Jetzt hab ich aber genug von mir erzählt. Sie haben sich dieses Buch ja nicht deswegen gekauft, dass sich der Autor die Seele vom Leib schreibt, sondern Sie wollen etwas lernen und an sich arbeiten.

Genau damit beginnen wir jetzt.

Zuvor noch ein paar Details zum Buch. Ich habe es in Kapitel mit arabischen Ziffern unterteilt. Diese Kapitel sind wiederum mit römischen Ziffern in Unterkapitel und die Unterkapitel mit Kleinbuchstaben unterteilt. Bei der Reihenfolge der Themen habe ich darauf geachtet, dass es abwechselnd etwas mit Charts und dann wieder etwas ohne Charts gibt, denn gerade die Themen zur Technischen Analyse können sehr komplex und ermüdend sein und da tut eine Auflockerung zwischendurch gut. Außerdem habe ich mir Mühe gegeben, zu wirklich allem ein Chartbeispiel bereitzustellen, damit Sie das gerade Gelernte auch sofort anhand einer Abbildung nachvollziehen können.

Bitte beachten Sie, dass bei sämtlichen technischen Tradingansätzen immer beide Richtungen - also short und long - möglich sind, auch wenn in den Beispielen nur eine Richtung gezeigt wird. Die Technische Analyse funktioniert in die entgegengesetzte Trade-richtung immer auf die selbe Weise.
Ich gehe davon aus, dass Sie wissen was ein Pip ist, und auch über ein wenig an Grundwissen verfügen. Sollten Sie jedoch noch ein blutiger Anfänger sein, dann müssen Sie das Buch jetzt nicht zur Seite legen. Ich empfehle Ihnen dann aber, noch vorher einige Videos von meinem "Forex Crash Kurs" anzusehen.

Also, auf geht's! Ich hoffe Sie werden beim Lesen des Buches die selbe Freude haben, wie ich sie beim Schreiben hatte.

KAPITEL 1
"Triple-EMA"

1.) TRIPLE-EMA

Moving Averages – auch bekannt als „gleitende Durchschnitte" - lassen sich nicht nur als Crossover-Werkzeug benutzen, sie eignen sich auch hervorragend als Unterstützung und Widerstand. Gerade gewisse EMA-Linien bieten in starken Trends gute Einstiegspunkte, aber auch Ebenen hinter denen wir unseren Stop-Loss verstecken und nachziehen können.

EMAs haben für mich immer schon eine wichtige Rolle gespielt. Als ich mit meiner Seite FOREX-CRASH-KURS.de angefangen habe, war das zunächst nur ein kleiner Spaß, doch der Erfolg der Seite kam schneller als erwartet. Ich fing an zu coachen und immer mehr Videos zu machen. Dadurch war es mir nicht mehr möglich jede Sekunde auf die Charts zu achten. Also musste ich wieder zurück zu den Tageskerzen. Der Handel im Tageschart hat den großen Vorteil, dass man nur eine Kerze pro Tag bekommt und somit lässt sich dieser Timeframe auch gut neben einem Tagesjob oder anderen Verpflichtungen handeln. Es reicht oft, wenn man sich nur einmal am Tag – egal zu welcher Uhrzeit – hinsetzt, seine Analyse macht und gegebenenfalls die Einstiege plant oder seine offenen Trades überwacht.

Ich habe die Triple Moving Average Strategie genau für diesen Zweck entwickelt.

Vorteile:

- Stressfreier Handel mit Tageskerzen
- Ist man einmal in einem Trade drin, darf man jeden Tag weitere Pips an Gewinn nachziehen
- Weniger Trades, deshalb auch weniger Risiko und weniger negative Gefühle während einer schlechteren Phase

Nachteile:

- Aufgrund der weiteren Stops benötigt man ein größeres Konto, oder man hat recht kleine Positionsgrößen
- Triple Moving Averages funktioniert nur während eines Trends, in Seitwärtsphasen ist diese Strategie nutzlos.

Natürlich lässt sich diese Strategie aber auch in allen anderen Timeframes handeln. Je kürzer der Timeframe, desto kürzer halten natürlich auch die Trades und dann nimmt der Stress auch wieder zu. Besonders in schnelleren Bewegungen kann man zusätzlich aber noch auf kürzere Timeframes zugreifen, um dem Trend besser zu folgen. Das sehen wir uns aber später noch genauer an. Wir besprechen als Erstes die Grundlagen dieser Strategie. Deshalb sehen wir es uns zunächst als Langfriststrategie an, gehen dann aber auch auf Techniken in kürzeren Timeframes ein.

I. Die Chartsettings

Wir benutzen vier Moving Averages. Ja, ganz genau: vier Stück – und das, obwohl man vom Namen der Strategie von nur drei ausgehen müsste. Das „Triple" bezieht sich auf die drei Moving Averages, die wir als Einstiegs- und Stop-Loss-Linien benutzen, der vierte Durchschnitt ist nur eine Buy-Sell-Line.

Triple Moving Averages: 10, 13, 20 (Exponential Moving Averages)

10 EMA = Erste Einstiegslinie
13 EMA = Zweite Einstiegslinie
20 EMA = Stop-Loss-Linie

50 EMA = Buy-Sell-Line:

Außerdem kann man noch Bollinger Bands und MACD einfügen – diese haben für die Einstiege weniger Bedeutung und dienen nur als Bestätigungsindikatoren. Ich persönlich nutze vor allem die Bollinger Bands, da man diese sehr gut zur Definition des Trends benutzen kann. Weiteres zu den Bollinger Bands werden wir uns in Kapitel 3 ansehen.

Nach dem Einfügen müsste Ihr Chart so aussehen:

Die Strategie basiert darauf, dass wir zunächst den Trend anhand der EMAs erkennen und diesem danach folgen. Die EMAs 10 und 13 dienen als Einstiegspunkte und hinter dem 20er EMA wird der Stop-Loss gelegt und später nach diesem EMA im Profit nachgezogen, bis man ausgestoppt wird. Der 50er EMA ist die Buy-Sell-Line, also unsere Grenzlinie für long und short. Wir handeln nur long, wenn der Preis (und die kurzen EMAs 10, 13, 20) über dem 50er EMA sind und nur short, wenn alles unterhalb des 50ers ist.

Sollten Sie das alles jetzt noch nicht ganz klar verstanden haben, keine Sorge, denn es gibt noch viele Beispiele die wir uns jetzt ansehen werden, während wir die einzelnen Bestandteile näher betrachten.

II. Warum der 13er EMA?

In den frühen Phasen dieser Strategie nutzte ich lediglich den 13er als Einstiegslinie. Die Dreizehn wählte ich nicht nur deshalb, weil es eine Fibonacci-Zahl ist, sondern auch, weil es eine interessante Timeframe-übergreifende Zahl ist. Viele wichtige Timeframes haben zueinander eine 4er Teilung (H1 – H4; M15 – H1). Das heißt: Der 13er EMA im H4 (steht für 13x4 Stunden = 52 Stunden) entspricht also in etwa dem 50er EMA im H1 und somit auch circa dem 200er EMA im M15. Natürlich nicht ganz genau, da es hier einige mathematische Abweichungen gibt, aber es ist nahe genug. Wenn der Kurs im H4-Chart am 13er anstößt, befindet er sich in den anderen Zeiteinheiten ebenfalls an traditionell wichtigen EMAs und das erhöht natürlich die Wahrscheinlichkeit für einen Abpraller.

Deshalb nutzte ich immer den 13er EMA, da ich mit ihm die besten Ergebnisse hatte. Dann musste ich aber feststellen, dass sehr oft der Kurs bereits kurz vor dieser Linie drehte und ich deshalb den Einstieg nicht bekommen hatte. Somit fügte ich zusätzlich noch den 10er EMA dazu, da der Kurs oft schon dort dreht. Dadurch entsteht nun das Band zwischen dem 10er und 13er EMA, in denen die Einstiege gemacht werden. Praktisch benutzte ich zum Einsteigen eigentlich fast nur den 10er EMA, ich ließ den 13er aber trotzdem drin, denn sollte der Kurs nicht gleich am 10er drehen, mache ich mir noch keine Sorgen, solange der 13er noch nicht erreicht wurde – ich nutze ihn also auch als mentale Stütze.

III. Erkennen von Trends

Wie schon erwähnt, funktioniert diese Strategie nur in Trendphasen. Das sollte aber auch klar sein, da es ja eine Trend-Strategie ist. Bevor wir also damit Trades absetzen, müssen wir erst einmal feststellen ob wir überhaupt in einem Trend sind oder nicht. Stellen wir fest, dass es nicht so ist, lassen wir die Trades bleiben.

Um den Trend festzustellen gibt es mehrere Möglichkeiten:

a.) Stellung der EMAs

Das ist wohl die klassischste Methode, um mit EMAs einen Trend festzustellen, leider ist diese aber auch sehr langsam. Bei einzelnen EMAs sagt man, wenn ein EMA (oder auch SMA) nach rechts zeigt oder genauer gesagt einen Uhren-Winkel von ca. 3 Uhr hat, handelt es sich um einen Seitwärtstrend. Bei Uhr-Winkel von 1 oder 2 Uhr hat man einen Aufwärtstrend und bei einem Uhren-Winkel von 4 oder 5 Uhr einen Abwärtstrend.

Noch zuverlässiger lässt sich dies mit mehreren EMAs feststellen und das bietet sich bei Triple EMA natürlich an, da wir hier ohnehin mehrere im Chart haben. Hier kann man dann nicht nur auf den Uhrenwinkel schauen, sondern auch auf die Reihenfolge der EMAs. Befindet sich der Chart in einem Seitwärtstrend, dann sind die einzelnen Linien meistens durcheinander. Erst wenn der Kurs wirklich ausbricht, bewegen sich die Linien dann nicht nur in einem schönen Winkel nach oben oder nach unten, sondern reihen sich auch in der richtigen Reihenfolge ein, wie in diesem Fall bei einem Aufwärtstrend 10, 13, 20, 50 (von oben nach unten).

Eine zusätzliche Indikation für einen gesunden Aufwärtstrend bietet auch die Tatsache, dass sich die Kerzen deutlich oberhalb der kurzen EMAs (10, 13, 20) befinden – oder eben unterhalb in einem

Abwärtstrend. Außerdem wird diese Annahme noch verstärkt, wenn auch zusätzlich noch die kurzen EMAs an sich, oberhalb (oder unterhalb) des 50er EMAs laufen.

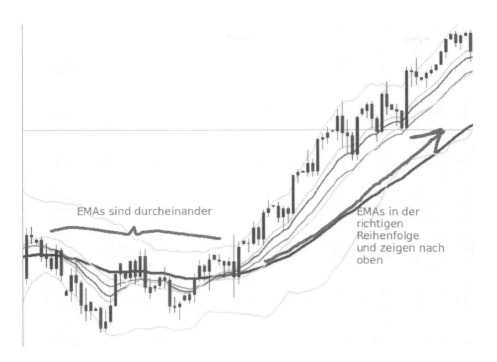

EMAs sind durcheinander

EMAs in der richtigen Reihenfolge und zeigen nach oben

b.) Ausbruch aus Seitwärtsphasen

Eine weitere Möglichkeit ist es, zunächst einmal auf den Ausbruch einer Seitwärtsphase oder einer anderen Verzögerungsformation zu warten und sich anschließend nach einem Einstieg an den kurzen EMAs umzusehen. Der Vorteil liegt hier daran, dass wir einerseits nicht so leicht Opfer eines Fehlausbruchs sein können, da wir nicht nur auf den einfachen Ausbruch warten wie bei einer normalen Break-Out-Strategie, sondern den Einstieg erst dann wählen, wenn sich auch die EMAs richtig positioniert haben und den Bruch zusätzlich bestätigen. Sehen wir uns dazu ein Beispiel aus dem CHF/JPY im Tageschart an. Sie finden es auf der nächsten Seite.

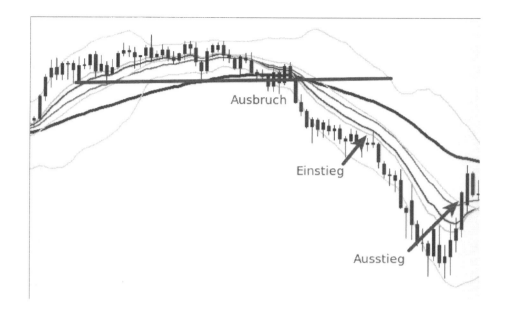

Wir sehen ganz oben im Bild eine leichte Seitwärtsphase. Immer wieder gab es kurze Ausschläge nach unten, doch die Formation wurde letztendlich nicht verlassen. Das zeigen auch die Bollinger Bands sehr schön an. Außerdem blieb der Kurs lange über unserer Buy-Sell-Line (50er EMA). Danach folgte zunächst ein weiterer Ausbruch unterhalb des 50er EMAs und auch unter die eingezeichnete Linie. Aus diesem wurde aber erst einmal nichts, da der Kurs an den Folgetagen wieder höher kam. Als dann schlussendlich der große Ausbruch kam, ging es zwar schnell nach unten, jedoch hätten wir bei dieser Strategie selbst hier noch keinen Einstieg gewagt, sondern hätten nur zur Kenntnis genommen, dass wir nun tiefer sind und in aller Ruhe beobachtet, dass sich auch die EMAs in der richtigen Reihenfolge aufgliedern. Sobald dies alles erfüllt ist (Ausbruch, EMA-Stellung richtig) setzte ich eine Sell-Limit-Pending-Order auf den 10er EMA und warte. Jeden Tag ziehe ich die Order an die aktuelle Position des 10er EMAs nach, denn dieser bewegt sich ja mit jeder neuen Kerze. Erst nach 15 Handelstagen wird die Position eröffnet, dann dafür aber fast zum Tageshoch.

Man sieht hier erneut, wie viel Geduld man bei dieser Strategie benötigt und in vielen Fällen lohnt sich diese auch. Wir wissen ja, dass Geduld zu einer der wichtigsten Eigenschaften eines erfolgreichen Traders gehört. An diesem Beispiel sieht man auch sehr schön, wie es am Ende dann doch der 13er EMA war, an dem der Kurs drehte. Der Ausstieg erfolgte 16 Tage später, als der Kurs den 20er EMA brach.

Man gewinnt hier natürlich nicht jeden einzelnen Pip der Gesamtbewegung, schneidet sich aber recht entspannt ein schönes Stück heraus. Später werden wir uns aber noch einige Optionen zur Optimierung des Ausstiegs ansehen.

c.) Ausbruch aus Chartformationen

Ähnlich wie bei den Seitwärtsausbrüchen kann man mithilfe der Triple-EMAs auch Einstiege in anderen Chartformationen suchen. Normalerweise bieten uns diese Formationen bereits von Natur aus ideale Einstiegspunkte, wenn zum Beispiel Nackenlinien getestet werden. Doch mit den Triple-EMAs können wir auch noch später Einstiege finden. Ganz besonders interessant ist es, wenn sich der klassische Test der Bruchlinie mit dem Triple-EMA überschneidet.

Auf der nächsten Seite sehen wir gleich zwei Chartformationen im selben Chart und somit auch zwei Einstiege. Ganz oben gibt es einen Double Top. Die Nackenlinie wird durch das horizontale Rechteck symbolisiert. Wir sehen, dass zum Zeitpunkt des Retests auch der 10er EMA genau an dieser Stelle war. Insgesamt brachte uns dieser Trade nicht viel nach der klassischen Triple-EMA-Strategie. Der Einstieg war zwar perfekt und der Trade schon sehr weit im Plus, doch durch den nachgezogenen Stop-Loss hinter dem 20er EMA kamen wir am Ende dann doch "breakeven" raus. Hätte man hier das Triple-EMA Konzept jedoch nur als Einstiegssystem oder als Bestätigung für den Retest (Überschneidung Nackenlinie des Double Tops und 10er EMA) benutzt und einen passenden Take-Profit für diese Formation (in der Regel die Höhe des Double Tops nach unten projiziert) gesetzt, dann wäre es

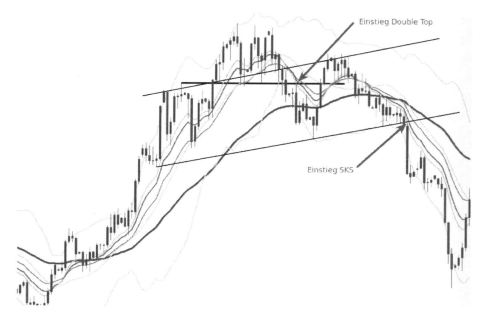

recht profitabel gewesen. Das sind aber alles Optimierungen, die wir später noch besprechen werden. Bis hierher nur soviel: Zusätzlich zum Stop-Loss den man (im Profit) nachzieht, kann es sich durchaus lohnen, auch Take-Profits zu vergeben die man auf technisch interessante Marken setzt. Denn bei dieser Strategie bekommt man meist nie das Maximum, da man erst nach einer Gegenbewegung und bei Unter- oder Überschreiten des 20er EMAs schließt. Der richtige Take-Profit (TP) an der richtigen Stelle kann uns hin und wieder Pips retten.

Was man an diesem Beispiel auch sehr schön erkennen kann, ist wie wichtig es ist, nicht einfach nur am 10er EMA zu shorten, sondern auch auf den Fall unter die Buy-Sell-Line (50er EMA) zu warten. Bei diesem Trade wären wir nämlich noch darüber gewesen. In solch einem Fall verzichte ich entweder ganz auf den Trade oder suche mir gerade deswegen nach einem knapperen Kursziel.

Später bildete sich in diesem Chart auch noch eine schöne SKS. Als die Nackenlinie gebrochen wurde, war der Preis bereits unter der Buy-Sell-Line. Am Tag nach dem Ausbruch kam es noch einmal zu einer kleinen, unwesentlichen Rally. Diese brachte uns aber genau auf den Schnittpunkt der gebrochenen Nackenlinie und den 10er EMA – ein idealer Einstiegscluster. Den weiteren Verlauf der Bewegung konnte man dann ganz entspannt genießen, während man den Stop-Loss nachzog. Auch hier hätte man zusätzlich noch einen TP nach der Höhe der SKS setzen können. In diesem konkreten Beispiel hätten wir mit der klassischen Methode (Einstieg 10er EMA / Ausstieg 20er EMA) 415 Pips in 17 Handelstagen erreicht, bei Ausstieg nach der Höhe der SKS hätten wir mit 600 Pips deutlich mehr erhalten, das aber in nur 12 Handelstagen.

Diese Herangehensweise hat aber auch eine Kehrseite: Zwar erhalte ich mit gesetztem TP oft mehr Gewinn, doch es kann auch vorkommen, dass der Trade dann – mit gutem Gewinn – geschlossen wird und später vielleicht noch viel weiter gelaufen wäre. Als Take-Profit hätte man auch hier wieder die projizierte Höhe der gesamten SKS nehmen können. Langfristig sollte sich das aber eher ausgleichen (manchmal mehr Gewinn dank TP / manchmal weniger Gewinn wegen TP).
Unterm Strich macht es kaum Unterschied, ob ich mit oder ohne TP handle. Wichtig ist nur, dass Sie es immer gleich machen. Wählen Sie einfach das, was besser zu Ihrer Persönlichkeit passt, indem Sie sich einfach diese Frage stellen:

„Ärgere ich mich mehr, wenn ich schon 600 Pips im Gewinn war und dann doch „nur" 415 erhalte?"

oder

"Ärgere ich mich mehr, wenn ich 600 Pips erhalte und später wären doch 800 daraus geworden?"

Machen Sie einfach das, wobei Sie sich weniger ärgern würden, um den damit verbundenen Stress zu vermeiden. Im nächsten Beispiel sehen wir den Ausbruch aus einer Flagge. Auch hier hätte man ganz normal den Ausbruch mit Retest handeln können, aber zu diesem Zeitpunkt waren die EMAs noch nicht richtig aufgereiht und auch der Chart sprach noch keine deutliche Sprache. Kurz: Es hätte auch ein Fehlausbruch werden können. Erst später ergab sich der Einstieg nach Triple-EMA und da sah die Chartsituation schon wesentlich vielversprechender aus. Diesen Trend konnte man dann wieder in aller Ruhe verfolgen. Der Ausstieg erfolgte knapp unter dem höchsten Hoch, durch Auslösen des Stop-Losses unter dem 20er EMA.

Auf der nächsten Seite sehen Sie eine inverse SKS. Der Bruch war recht flott, es gab zu diesem Zeitpunkt aber noch keine neuen Hochs. Als der Triple-EMA-Einstieg da war, konnte der Trend bereits eine gewisse Sauberkeit nachweisen und genau so war dann auch die weitere Bewegung.

d.) Fehlausbrüche

Gerade bei Ausbrüchen gibt es immer die Gefahr von Fehlausbrüchen. Wenn man also einen Ausbruch handelt, kann es immer wieder passieren, dass der Kurs wieder in die alte Formation zurückkommt. Das, was hier aber als Nachteil erscheint, kann auch ein Vorteil sein.

Sehen wir uns dazu auf Seite 28 ein Beispiel aus dem H4-Chart im AUD/USD an.

Hier brach der Kurs zunächst schön aus der Flagge aus. Nach „Triple-EMA" reicht uns das aber noch nicht, sondern wir warten zuerst auf die genaue Formierung der EMAs in richtiger Reihenfolge. Ich wählte hier den H4-Timeframe, da die ursprüngliche Bewegung (nicht am Bild sichtbar) ebenfalls sehr schön entlang der H4-Triple-EMAs lief.

Da sich die EMAs aber noch nicht richtig aufgereiht hatten, gab es hier zunächst keinen Einstieg und das war im Nachhinein gesehen auch gut so.

Der Trend war einfach noch nicht deutlich genug. Diese Vorgehensweise kann uns aus üblen Trades heraushalten, denn es geht ja schließlich nicht nur ums Gewinnen, sondern auch ums "Nicht-verlieren".

Der angenehme Nebeneffekt eines Fehlausbruchs ist immer die Tatsache, dass es sich dabei häufig auch um ein Signal handelt – ein Gegensignal. Man muss hier die psychologische Seite betrachten. Viele Marktteilnehmer gingen bereits von steigenden Kursen aus. Als dann plötzlich schlechte Zahlen kamen und der Kurs den Wiedereintritt in die Flagge vornahm, dämmerte es vielen, dass es nun doch nichts mit der bullischen Bewegung wird. Dieser „Schock" bringt oft eine rasche Bewegung in die andere Richtung und den können wir uns zu Nutze machen, indem wir uns dann einfach – wie in diesem Fall – short positionieren. Wäre im Vorfeld trotzdem ein Long zustande gekommen, hätte man diesen Short sogar als „Reservetrade" im Ärmel halten können, um die Verluste wieder auszugleichen.

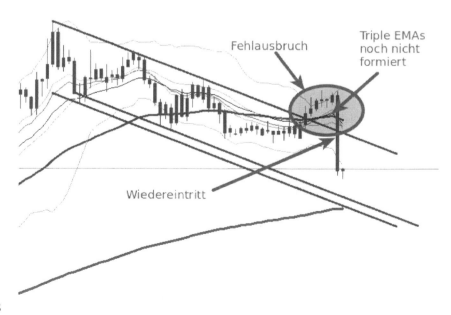

In diesem konkreten Fall waren es schlechte Wirtschaftsdaten, die den Fall einleiteten. Also müssen wir auch berücksichtigen, dass sich der Kurs eventuell anders entwickelt hätte, wenn diese Daten gut gewesen wären und das stellt natürlich die technische Herangehensweise ein wenig in Frage. Jedoch ist ein Chart nur ein Diagramm des psychologischen Gesamtprofils aller Marktteilnehmer und letztendlich lösen Wirtschaftsdaten oft psychologische Bewegungen aus. Deshalb sollte man auch immer die psychologische Aussage von technischen Chartbewegungen hinterfragen, was wir in diesem Buch auch noch öfters tun werden.

Die Daten, die an diesem Tag kamen, waren zwar schlecht, aber nicht unbedingt eine Katastrophe. Gefallen wäre der Kurs allemal, aber wahrscheinlich nicht so stark, wäre da nicht dieser Fehlausbruch gewesen. Wie sehr oft war hier die fundamentale Situation der Motor und die technische Analyse die Straße.

IV. Trendfolge mit mehreren Einstiegen

Gerade wenn ein Trend länger läuft, gibt es oft mehrere Chancen an denen der Kurs zum 10er EMA zurückläuft. Dies kann man für weitere Zukäufe nutzen, um die Position immer größer werden zu lassen. Das Risiko hält sich dabei in Grenzen, da sich beim Einstieg der zweiten Position, der Stop-Loss des ersten Trades oft bereits im Plus befindet.

Sehen wir uns dazu ein Beispiel an. Im folgenden Bild sehen wir einen Monstertrend im Tageschart des USD/JPY von über 600 Pips. Man kann erkennen, dass während des Aufwärtstrend mehrmals am 10er EMA ein Einstiegspunkt möglich gewesen wäre. Anstatt lediglich den ersten Trade durchlaufen zu lassen, hätte man in dieser Situation die Möglichkeit gehabt, noch öfters nachzukaufen.

Zum Zeitpunkt des zweiten Einstiegs war der Stop-Loss des ersten Einstiegs bereits auf "breakeven" (Einstiegskurs). Somit hatten wir hier kein zusätzliches Risiko gegenüber dem ursprünglichen Einstieg, jedoch die doppelte Chance. Beim dritten Einstieg waren die Stop-Losses der ersten beiden Positionen bereits dick im Plus und wir hatten hier überhaupt kein Kapitalrisiko mehr, sondern hätten im Falle einer Trendwende lediglich auf einen Teil unseres Gewinnes verzichten müssen. Wenn es gut geht – und hier ging es gut – dann fahren wir plötzlich mit der dreifachen Positionsgröße nach oben. Ähnlich verhält es sich auch mit den weiteren Einstiegen.

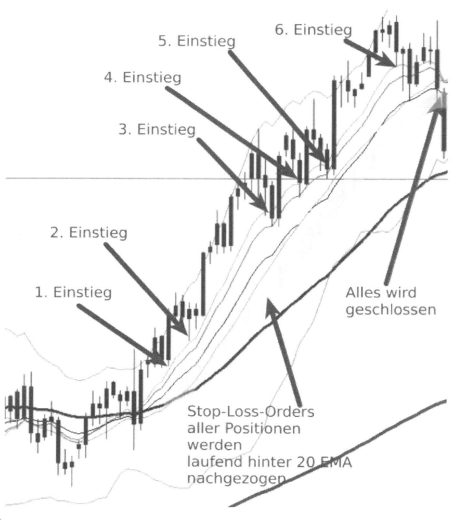

Irgendwann ist natürlich jeder Trend zu Ende und letztendlich verließen wir alle sechs Positionen nach mehreren Wochen per Stop-Loss, als der 20er EMA unterboten wurde. Was übrig bleibt ist ein bedeutend großer Gewinn.

Natürlich gibt es diese Monstertrends nicht immer und es ist auch nicht jedes Mal so einfach, hier auch wirklich hineinzukommen, doch es würde bereits genügen wenn Sie – neben dem normalen Trading – alle ein bis zwei Jahre solch einen dicken Fisch erwischen.

Diese Bewegung ereignete sich Ende 2013 und damit konnte ich zum Jahresende noch ein gutes Stück an Jahresperformance draufsetzen. Eine ähnliche Bewegung im USD/JPY gab es auch Anfang 2013. Dadurch hatte ich im April bereits mein Jahresziel erreicht und konnte das restliche Jahr eine ruhige Kugel schieben.

a.) Arbeit mit dem Stop-Loss

Die Stop-Loss-Order ist bei dieser Strategie nicht nur unsere Absicherung vor größeren Verlusten, sondern auch die Absicherung von Gewinnen. Wie schon erwähnt, ziehen wir jeden Tag – oder jede Kerze – den Stop-Loss nach, bis wir ausgestoppt werden. In den ersten Tagen – oder Kerzen – befindet sich der Stop-Loss noch im Minus, doch bereits nach der ersten Kerze kann ich diesen möglichen Verlust bereits um ein paar Pips reduzieren. Das ist für das Money Management ein sehr interessanter Aspekt. Wenn Sie pro Trade einen gewissen Prozentsatz Ihres Kontos riskieren, besteht dieses Risiko nur am ersten Tag (oder eben während der ersten Kerze in kleineren Timeframes). Sobald die nächste Kerze da ist, kann der Verlust bereits minimal reduziert werden und das drückt statistisch die Größe Ihres durchschnittlichen Verlusttrades nach unten. Es zählt nicht nur jeder gewonnene Pip oder Dollar den Sie machen, sondern auch das, was Sie weniger verlieren, denn das muss zu einem späteren Zeitpunkt nicht wieder zurückgewonnen werden.

Irgendwann kommt dann der Moment, an dem der Stop-Loss über das Einstiegsniveau gezogen werden kann. Dann geht die Party erst richtig los. Ab diesem Zeitpunkt können Sie täglich um Mitternacht (und natürlich in kleineren Zeiteinheiten wieder nach jeder Kerze) den Stop um ein paar Pips mehr ins Plus ziehen. Wenn es zwischendurch einmal ein paar rote Kerzen gibt, ist das überhaupt kein Problem. Solange der Kurs über dem 20er EMA bleibt, können Sie sich laufend weitere Pips nachziehen. Vor allem im Tageschart macht das Spaß. Natürlich kommt man nicht ständig in soche tollen Trades rein, aber es ist mir schon passiert, dass ich 40-50 Handelstage in einer Position drin war und jeden Tag im Schnitt 40 Pips nachziehen konnte. Das waren jeden Tag 40 Pips ohne etwas tun zu müssen.

Das hört sich alles toll an, hat aber einen großen Nachteil: Man gewöhnt sich dran! Jeden Tag, ohne zu traden 40 Pips abzugreifen, ist sehr schön, aber irgendwann kommt der Tag, an dem der Kurs dreht und man den Trade verlassen muss. Das ist dann psychologisch besonders schwierig, da man plötzlich ohne den sicheren Tagesgewinn dasteht. Schnell möchte man natürlich diesen Zustand wieder zurück und da kann es passieren, dass man dann plötzlich Trades sieht wo keine sind. Wenn Sie also einen langen profitablen Trade geschlossen haben, denken Sie an diese Zeilen. Anstatt zu sagen „Schade, dass ich bei 878 Pips ausgestoppt wurde" (was sich ja bereits komisch anhört) – seien Sie lieber dankbar für den tollen Trade und suchen Sie ganz gemütlich nach der nächsten Chance.

Gerade bei langfristiger Herangehensweise und einem entsprechend hohen Konto brauchen Sie ohnehin nur einige dieser profitablen Trades im Jahr: Einen um davon leben zu können und die restlichen Positionen, um die viele kleinen Verluste auszugleichen, von den Versuchen bei denen es nicht so gut geklappt hat.

b) Der Einsatz von Take-Profit

Der nachgezogene Stop-Loss (SL) bietet bereits gute Möglichkeiten, Gewinne abzusichern und letztendlich auch mitzunehmen. Aber wie schon gesagt, bekommt man auf diese Weise nicht immer alle Pips die möglich gewesen wären. Ob man zusätzlich zum nachgezogenen Stop-Loss einen Take-Profit - also ein Kursziel - einsetzt, hängt davon ab, was man mit dem Trade bezwecken möchte. Ich unterscheide hier grundsätzlich zwischen zwei Kategorien von Trades:

1) Endloser Trendtrade:
Natürlich gehe ich nicht davon aus, dass ein Trend endlos ist und es gibt auch immer irgendwelche mentalen Kursziele, die ich im Kopf habe. Doch bei sehr starken Bewegungen, wie zum Beispiel die großen Rallies in den Yen-Paaren von 2013, liefen die Kurse sehr weit und man konnte nie genau wissen wie weit. Ähnlich waren auch die massiven langfristigen Kursgewinne im DAX und DOW von 2012 und 2013. Man könnte hier natürlich ebenfalls Kursziele setzen, doch damit limitiert man die Möglichkeiten. Zwar bekommt man dann einen schönen Gewinn, doch wenn der Trend noch weiter läuft, ist man leider nicht mehr dabei. Es gibt zwar immer die Möglichkeit neu einzusteigen, doch das bedeutet erneut zusätzliches Risiko und mehr Stress. Die vorhin erwähnten Bewegungen in den Yen-Paaren liefen über 2500 Pips und natürlich hätte man auch bereits bei 500 Pips einen Ausstieg machen können, doch das lockere Laufenlassen brachte in diesem Fall deutlich mehr, da man ja nie wissen konnte, wie lange es wirklich läuft. Gerade bei solchen Bewegungen verzichte ich auf das Kursziel und versuche, mit einem nachgezogenen Stop soviel wie möglich aus der Bewegung zu quetschen.

2) Trade mit deutlich sichtbarem Ziel:
Das sind Trades, bei denen man aus verschiedenen Gründen ein deutliches Kursziel bereits beim Einstieg identifizieren kann. Das kann

zum Beispiel sein, wenn wir den Ausbruch einer großen Chartformation, wie einer SKS, handeln. Hier ist es eine gute Taktik wenn man das klassische Setup-bedingte Kursziel - zum Beispiel die projizierte Höhe der SKS - per TP einstellt und natürlich den SL trotzdem nachzieht, bis einer der beiden Orders getroffen wurde.

Ein Kursziel kann aber auch sinnvoll sein, wenn ein klarer Widerstand oder eine klare Unterstützung sichtbar ist. Beispiel: Sie sehen, dass sich ein neuer Trend entwickelt und steigen ein. Erkennen dann aber, dass 470 Pips über Ihrem Einstieg ein Multi-Jahres-Hoch oder 570 Pips unter dem Einstieg Ihres Shorttrades eine wichtige psychologische Marke ist, von der man weiß, dass sie stark umkämpft ist (zB die 1,20 im EUR/CHF). An solchen Marken kann man immer mit starkem Gegenwind rechnen. Und auch wenn die Zone letztendlich gebrochen wird, gibt es vorher noch eine so starke Bewegung gegen unseren Trade, dass wir trotzdem vorher in unseren nachgezogenen Stop-Loss laufen. Wenn man einfach mal ein wenig Geld vom Tisch nimmt und sich den Trade lieber später, nach einem tatsächlichen Bruch, wieder zurückholt, lässt sich oft sehr viel Geld sparen

Sollte man ausgestiegen sein und dann die wichtige Zone aber trotzdem gleich beim ersten Anlauf gebrochen werden, gibt es ohnehin meistens kurz darauf einen Retest, dass man sich den Trade noch einmal zurückholen kann.

c.) Manuelle Ausstiege

Durch das Vorhandensein von Stop-Loss und eventuell auch Take-Profit, ist ein manueller Ausstieg nicht unbedingt von Nöten, da wir den Trend ja auch die Luft geben wollen, sich zu entwickeln. Wer es jedoch bevorzugt, kann nach gewissen Regeln auch manuelle Ausstiege wählen.

Ähnlich wie bei den Take-Profit-Orders, könnte dies zum Beispiel erfolgen, wenn nach Scheitern eines starken Widerstandes eine deutliche Umkehrkerze oder Umkehrformation gebildet wird. Dies ist vor allem dann interessant, wenn der Kurs zu diesem Zeitpunkt auch sehr weit von dem 10er EMA weg ist, denn dann sollte er ja ohnehin wieder ein wenig zurückkommen.

Im folgenden Bild sehen wir einen Pfeil mit den Wort „Gefahr". Nach dieser roten Tageskerze – eindeutig eine Umkehrkerze – hätte man bereits einen manuellen Ausstieg in Erwägung ziehen können. Zwar stieg der Kurs danach noch einmal kurz an – worüber man sich wohl geärgert hätte - doch am Ende stürzte der Preis weiter ab und man konnte sich dadurch sogar einiges an Gewinn retten. Außerdem waren hier die Kerzen schon sehr weit vom 10er EMA entfernt.

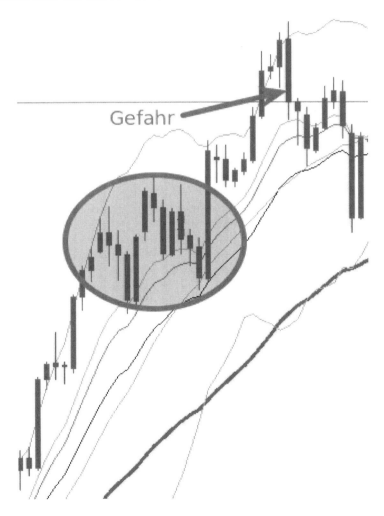

Sieht man sich allerdings die durch den Kreis hervorgehobene Situation an, kann man auch einen möglichen Nachteil des manuellen Schließens erkennen. Es war zwar hier noch kein neues Tief gemacht, doch auch hier scheiterte der Kurs sichtbar an einem neuen Hoch und kam stark zurück. Der Aufwärtstrend war hier definitiv in Gefahr. Bei einem manuellen Ausstieg zu diesem Zeitpunkt hätte man vom nächsten Schub nicht mehr profitieren können. Der 20er EMA (Stop-Loss) wäre nicht erreicht, und somit ein stures Drinbleiben besser gewesen.

Es ist Geschmackssache. Hin und wieder spart man sich einige Pips durch einen früheren Ausstieg und ein anderes Mal entgeht einem dadurch der nächste Schub. Langfristig gesehen, gleichen sich diese beiden Methoden meistens aus. Sie sollten die Vorgehensweise für sich wählen, die besser zu Ihrem Profil passt.

V. Die Wahl des richtigen Timeframes (Zeiteinheit)

Trends können unterschiedliche Geschwindigkeiten haben und deshalb ist nicht immer der selbe Timeframe interessant. Grundsätzlich gilt: Je schneller ein Trend, desto kürzer der Timeframe, denn bei einer schnellen Bewegung muss ich die Kerzen einfach in mehrere kleinere Kerzen aufsplitten, um überhaupt Daten zu haben. Sehen wir uns jetzt zwei Konzepte an, um die richtige Zeiteinheit zu finden.

a.) Visuelle Suche

Die einfachste Art nach dem richtigen Timeframe zu suchen, ist das einfache Durchklicken zwischen den einzelnen Frames. Gerade bei Moving Averages lässt sich alleine durch die Optik bereits vieles feststellen. Wir brauchen einen Chart, der passend mit den EMAs läuft.

Auf der Suche nach einer Zeiteinheit die zur aktuellen Bewegung passt, muss ich mich also nur durch die unterschiedlichen Charts klicken, bis ich einen finde, bei dem die Linien zur Bewegung passen. Hier ein Beispiel:

Wir sehen den Daily-Chart von GBP/CHF. Wenn man die EMAs im gesamten Chartbild betrachtet, ist es eher ein Durcheinander. Man kann hier also nicht viel machen. Die Bewegung der letzten Tage sieht allerdings recht interessant aus, doch der Daily-Chart befindet sich noch in keinem klaren Trend.

Da man im Daily-Chart noch keine Richtung hat, geht man auf den nächst niedrigeren Timeframe (H4) zurück. Natürlich wird diese Bewegung dann etwas kurzfristiger ausfallen, aber wer von dieser grünen Welle an Tageskerzen profitieren möchte, hat keine andere Wahl. Die selbe Sektion im H4 sieht wie folgt aus:

Hier sehen wir ganz deutlich, dass der Trend nach Überschreitung der Buy-Sell-Line (50er EMA) langsam Fahrt aufgenommen hat und es immer wieder gute Möglichkeiten gab, am 10er oder 13er EMA zu kaufen. Man hätte hier schon vor einigen Tagen einsteigen können. Wenn ich jetzt noch nicht drin bin, setze ich mir eine Buy-Limit-Pending Order genau auf den 10er und ziehe diese nach jeder neuen Kerze (alle 4 Stunden) nach – bis es klingelt und die Limit-Order ausgelöst wird.

Wir wissen bereits wie ein Chart auszusehen hat, um mittels den Triple-EMAs dem Trend zu folgen. Es hört sich zwar ein bisschen wie „ich mach mir die Welt wie sie mir gefällt" an, doch man kann sich ganz einfach durch die Timeframes klicken, bis man einen findet, der passt. Als Trader sollte man stets anpassungsfähig sein. In diesem Fall passen wir die Charts, die wir betrachten, der tatsächlichen Bewegung des Marktes an, um den Markt in einer Ansicht zu sehen, die der aktuellen Situation auch entspricht und diese korrekt darstellt.

Weitere wichtige Fakten zur visuellen Suche

Sehr oft kann es passieren, dass man sich durch die Charts klickt, aber keinen passenden Trend findet. Das ist dann ein Anzeichen dafür, dass es sich dabei einfach nur um einen Seitwärtskurs handelt.

Was auch sehr oft eintreten kann ist, dass es in unterschiedlichen Timeframes verschiedene Trends gibt. In diesem Fall entsteht ein Widerspruch und man sollte dann lieber von möglichen Trades Abstand nehmen.

Sollte es aber dennoch einmal Zweifel geben, welcher Zeiteinheit man mehr Glauben schenken soll, dann gilt folgender Grundsatz:

"Je längerfristig die Zeiteinheit / der Timeframe, desto wichtiger die daraus resultierenden Signale"

Ist eine Bewegung zum Beispiel innerhalb des Tagescharts in einem Aufwärtstrend, dann sind die Longsignale in den kleineren Timeframes zu bevorzugen, da "long" der übergeordnete Trend ist und solange dieser aufrecht bleibt, sollte es auch in den kürzeren Zeiteinheiten leichter sein, in diese Richtung zu handeln.

b.) Trendanpassung

Beim vorherigen Beispiel handelte es sich um eine Situation in der wir anfangs nicht wussten, ob es einen Trend gibt und in welchem Timeframe es diesen geben könnte. Es kann aber auch sein, dass wir ganz genau wissen, dass ein Trend vorherrscht und diesen auch sehr schön in einem Chart erkennen können, jedoch der Kurs nie zum 10 EMA zurückkommt. Sehen wir uns dazu einen USD/JPY-Tageschart an:

Hier lief der Kurs (zwischen den beiden Kreisen, Seite 40) eine Strecke von circa 450 Pips, ohne den 10er EMA zu berühren. Was für jemanden der bereits weiter unten long eingestiegen ist toll sein mag, ist für jemanden der einen Einstieg sucht natürlich weniger gut. Es handelte sich um drei Handelswochen, an denen man den Kurs nur beim Steigen zusehen hätte können, ohne daran teilzunehmen.

Wenn ein Trend derartig schön läuft, jedoch keine Einstiege in einem Timeframe bietet, könnte es daran liegen, dass der Trend aktuell einfach zu schnell ist. Wenn wir diesen Chart nun auf den H4 runterschalten, sieht er so aus:

Die beiden großen Kreise im Bild symbolisieren die kleinen Kreise im vorherigen Chart und wir können erkennen, dass wir während dieser 15 Handelstage mehrere mögliche Einstiege im H4 hatten. Beim ersten Einstieg (erster kleiner Kreis) sieht man, wie wichtig es ist, dem Stop-Loss ein wenig Luft unter dem 20er EMA zu geben.

Natürlich ist diese H4-Bewegung nur ein kleiner Teil des gesamten

Trends der sich im übergeordneten Tageschart (D1) abspielt, aber zu diesem Zeitpunkt die einzige Möglichkeit, um sinnvolle Einstiege zu finden.

Nachdem der Stop-Loss unter dem H4 20er EMA ausgelöst wurde, hätte man sogar wieder auf den D1-Chart zurückschalten und dort am 10er EMA den nächsten längerfristigen Einstieg vornehmen können.

Später in diesem Buch werden wir noch über das Handeln während Wirtschaftsdaten sprechen, dort müssen wir oft sogar in ganz kurze Timeframes wechseln, um mit der schnellen Bewegung handeln zu können.

Aggressives Nachziehen der Stop-Loss-Order in einem kürzeren Timeframe

Eine kürzere Zeiteinheit können wir aber auch für ein engeres Nachziehen des Stop-Losses benutzen. Wem – gerade in schnelleren Trends – das Schließen hinter dem 20er EMA zu weit weg erscheint, kann in solch einem Fall den Stop hinter dem 20er EMA einer kürzeren Zeiteinheit nachziehen.

Wenn wir noch einmal das Beispiel von vorhin nehmen: Stellen Sie sich vor Sie sind, ausgehend vom ersten großen Kreis, long im Tageschart und beobachten danach, dass der Trend stark weiterläuft und nicht mehr zum 10er EMA im aktuellen Timeframe zurückkommt (in diesem Fall D1). Danach stellen Sie fest, dass der Trend inzwischen im H4 läuft und somit können Sie den Stop-Loss auch genauso hinter dem 20er EMA im H4 (anstatt D1) nachziehen. Sie ziehen den Stop-Loss also deutlich enger und somit aggressiver nach. Wenn es dann wieder zu einer Korrektur kommt und der Preis zum 10er EMA im D1 zurückfällt, haben Sie schon längst Ihre Gewinne genommen (unter dem 20er H4) und könnten den Trade sogar am 10er D1 noch einmal eröffnen. Die Distanz zwischen dem Close unter dem 20er EMA im H4 und dem neuen Einstieg am 10er EMA im D1 wäre somit ein zusätzlicher Profit. Natürlich müssen Sie nicht unbedingt noch einmal weiter unten kaufen. Alleine das aggressivere Nachziehen in einem kürzeren Timeframe und das damit verbundene höhere Schließen, spart einige Pips und bedeutet somit mehr Profit.

VI. Erkennen einer bevorstehenden Trendwende

Wir sprachen bereits über Trendfolge und das Warten auf den Beginn eines Trends. Man kann den Tradingansatz der Triple EMAs aber auch dazu benutzen, um eine mögliche bevorstehende Trendwende vorherzusagen. Dies ist nicht nur ein Bestandteil der Handelsstrategie an sich, sondern könnte auch ein Brocken sein, den man in jede andere Handelsstrategie als Filter einbauen kann, um potenzielle Verlusttrades zu vermeiden.

Sehr oft kommt es vor, dass man einem Trend folgen möchte, der schon länger läuft. Jedem ist es schon einmal passiert, dass man dem Chart tagelang beim Steigen zusieht und wenn man dann endlich auch selber an diese Bewegung glaubt und einsteigt, dreht der Kurs wieder. Um derartige Verluste zu vermeiden, sollte man einen Filter einsetzen, um eine mögliche Trendwende schon vorher zu erahnen – oder zumindest deren Wahrscheinlichkeit abschätzen zu können.

Außerdem lassen sich durch das vorzeitige Erkennen einer Umkehr, Trades bereits früher schließen, da wir bereits vorher davon ausgehen können, dass der Kurs gleich stärker gegen uns läuft. Man muss also nicht zwingend darauf warten, erst durch den nachgezogenen Stop-Loss hinter dem 20er EMA heraus geholt zu werden. Natürlich kann es passieren, dass Sie deshalb einen Trade vorzeitig schließen und danach wäre der Trend doch weitergelaufen. In diesem Fall würden Ihnen eventuell Pips entgehen. Das ist dann aber nicht weiter schlimm, denn beim nächsten Mal schließen Sie vielleicht einen Trade 80 Pips über Ihrem eigentlichen 20ER-EMA-Stop-Loss und können dadurch mehr mitnehmen, als wenn Sie sich ausstoppen hätten lassen.

Egal ob Sie immer den 20er EMA nehmen oder nach Umkehrmustern vorzeitig aussteigen, langfristig dürfte es beim Tradingergebnis deshalb keine großen Unterschiede geben. Es ist hier einfach wieder eine psychologische Sache. Fällt es Ihnen leichter mitanzusehen, wie der Trend doch ohne Sie fortgesetzt wird, oder ist es für Sie einfacher zu verkraften, hin und wieder mit weniger Gewinne in den nachgezogenen Stop-Loss zu laufen, nachdem Ihr Trade zu einem früheren Zeitpunkt bereits deutlich mehr im Plus war? Wichtig ist nur: Machen Sie es immer gleich, also immer auf den Stop beharren oder immer nach Umkehr schließen, damit sich die Statistik ausgleicht. Denn sonst könnte es passieren, dass Sie immer im richtigen Moment die falsche Entscheidung treffen. Beim Trading kommt es darauf an, immer das Gleiche zu tun und einem System zu vertrauen und zu folgen. Wenn man es immer nach Bauchgefühl, mal so und mal so macht, hat das oft negative Auswirkungen auf den Kontostand und das Ärgernis, wenn es schief geht, ist dann umso größer.

Nun sehen wir uns einige Szenarien an, die uns vorzeitig vor einer Umkehr warnten.

a.) Überhitzung mit schneller Umkehr

Zwar ist eine schnelle Bewegung in Richtung des Trends sehr gut und man kann sich dann immer freuen, wenn man in diese Richtung positioniert ist, jedoch bevorzuge ich Trends, die „gesund" ablaufen. Bewegt sich der Kurs zu rasch, kann dies oft ein Zeichen von Überhitzung sein. Gleichzeitig könnte dies aber auch ein Anzeichen dafür darstellen, dass der vorherrschende Trend an Stärke gewinnt und eventuell in einen kürzeren Timeframe überspringt, wie wir es in diesem Kapitel unter "V." besprochen hatten.

Um hier eine potentielle Trendwende besser erkennen zu können, sollten Sie acht auf die nachfolgende Bewegung geben. Im folgenden Chart sehen wir einen deutlichen Aufwärtstrend.

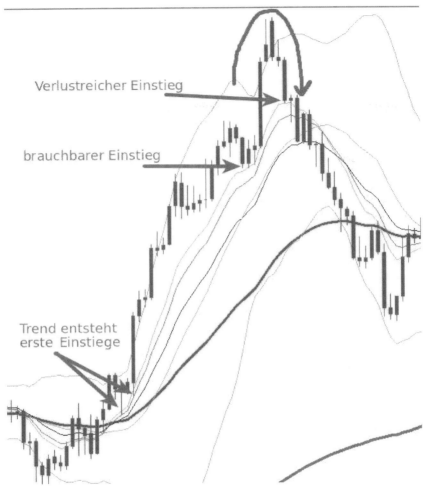

Verlustreicher Einstieg

brauchbarer Einstieg

Trend entsteht
erste Einstiege

Wir sehen ganz unten, dass ein neuer Trend entsteht und nachdem alles über die Buy-Sell-Line fuhr, gab es bereits die ersten Einstiege. Danach fuhr die Rally stärker an und der nächste brauchbare Einstieg in diesem Timeframe war erst deutlich später. In der Zwischenzeit hätte man sehr gut einen Frame nach unten schalten können, um kurzfristiger zu handeln. Ganz oben gibt es dann noch einmal einen starken Ausschlag, aber der Kurs dreht plötzlich wieder um und trifft erneut den 10er EMA. Genau das ist so eine Situation, in der man sich den erneuten Einstieg verkneifen sollte. Man sieht: Es wäre schief gegangen.

Doch wie erkennt man das? Dem aufmerksamen Leser wird bestimmt schon aufgefallen sein, dass wir ja auch während des gesamten Anstiegs recht steil unterwegs waren und somit hätte es ja auch bereits in der Mitte eine Überhitzung geben können. Absolut richtig! - Das hätte es. Was die mittlere Bewegung allerdings von dem oberen Move unterscheidet ist, dass es dort keine deutlichen Rücksetzer gab. Eine grüne Kerze folgte der nächsten grünen Kerze und wenn es dann doch einmal eine rote Kerze war, dann war diese nur sehr klein.

Ganz oben sehen wir jedoch, dass der Einbruch sehr stark und die darauffolgenden roten Kerzen recht lang waren. Und das ist genau die Situation, an der man besser auf einen neuen Trendfolgetrade verzichten sollte. Man kann also sagen:

"Wenn die Stärke des Trends zunimmt, die Rücksetzer sich jedoch in Grenzen halten, kann man dem Trend weiterhin trauen und sollte sich einfach nur einen schnelleren Timeframe suchen. Wenn der Trend jedoch an Stärke zunimmt, die Rücksetzer sind massiv und der erneute Test des 10er EMA kommt zu schnell, dann könnte dies das erste Anzeichen für eine mögliche Trendwende sein – kein Einstieg."

Überhitzung als Kontra-Signal

Hierzu eine kleine Geschichte. Als ich Triple-EMA erstmals entwickelte und es damals noch kein komplettes Tool zur Marktanschauung, sondern lediglich eine ganz normale Handelsstrategie war, gab es dieses Umkehrkonzept der Überhitzung noch nicht. Ich stieg grundsätzlich immer - sofern ein Trend intakt war - am 10er EMA ein. Als ich dann nach einiger Zeit die gemachten Trades analysierte, um das System weiter zu optimieren, machte ich etwas, das ich in diesem Fall immer tue: Ich suchte mir alle Verlusttrades heraus um dann

Gemeinsamkeiten festzustellen, denn sehr oft haben viele verlorene Trades etwas gemeinsam und wenn man dafür die Ursache findet, kann man recht einfach das System optimieren. Ich schaute mir also noch einmal die Charts der Minuspositionen an und da fiel mir auf, dass es sehr oft genauso oder ähnlich aussah, wie wir es gerade vorhin am letzten Bild gesehen haben (Seite 45). Ich schrieb also eine Regel ins System, wonach genau bei solcher Optik kein Einstieg stattfinden darf.

Jetzt wurden genau diese Trades verhindert, die Trefferquote und Rendite dieser Strategie stieg in den darauffolgenden Wochen deutlich an. Nicht, weil ich jetzt mehr Gewinntrades machte, sondern weil einige Verlusttrades verhindert werden konnten. Natürlich stieg ich dadurch auch manchmal nicht mehr ein und der Kurs wäre dann trotzdem noch einmal deutlich in die richtige Richtung gelaufen, doch das war nur sehr selten der Fall. In den meisten Fällen entging mir Verlust, und dieser Verlust wäre größer gewesen als die Gewinne, die mit dieser Technik verhindert wurden.

Als ich aber sah, wie zuverlässig diese Regel potentielle Verlusttrades verhinderte, entwickelte ich daraus eine Kontra-Strategie. Ich fing also an, bei Überhitzung einfach in die andere Richtung zu traden. Also nicht nur, dass ich den Trendtrade nicht mehr machte, sondern ich öffnete dann sogar eine Position in die andere Richtung. Als Stop nutze ich die täglichen Pivot Points und als TP entweder den 20er EMA oder den 50er EMA.

Dadurch konnte sich das Handelssystem noch einmal deutlich steigern. Später strich ich diese Kontra-Regel allerdings wieder heraus. Nicht weil sie unprofitabel war, sondern weil mir der Stress einfach zu groß war und das war mir selbst dieser zusätzliche Gewinn nicht wert. Trotzdem lässt sich dies auch in anderen Handelsstrategien sehr gut nutzen, um eine zusätzliche Bestätigung einer Trendwende zu erhalten. Wir sprechen hier also wieder von Triple EMA nicht als Strategie, sondern als Betrachtungsweise für den Markt bzw. als Indikator.

b.) Einschlafen des Trends

Dies ist zunächst alles andere als ein Umkehrsignal. Wenn ein Kurs steil ansteigt und die Kerzen dann erst einmal etwas seitwärts laufen, kann das auch nur bedeuten, dass der Trend eine Pause macht und sogar so stark ist, dass er nicht einmal korrigiert – eigentlich ein deutliches Zeichen weiterhin an den Trend zu glauben. Sehr oft kommt dann aber auch tatsächlich irgendwann wieder die lange Kerze, welche die Bewegung fortsetzt.

Um dies als Umkehrsignal zu nutzen, brauchen wir noch eine weitere Bestätigung und zwar eine Tageskerze die deutlich unter dem 13er EMA schließt. Natürlich ist unsere letzte Grenze der 20er EMA, doch in diesem Fall kann man bereits vorzeitig aus einem Trade aussteigen und sich eine Menge der bereits erwirtschafteten Gewinne retten. Für einen Trade in die andere Richtung wäre es das erste Anzeichen um aufmerksam zu werden.

Auf der rechten Seite finden Sie ein Beispiel dazu. Auch hier sehen wir wieder weiter unten einen schönen Einstieg (erster Einstieg) und der Kurs läuft dynamisch nach oben. Ganz oben fängt der Preis an, auf die Bremse zu treten und wir sehen einen Seitwärtskurs mit mehreren erfolglosen Abprallern am 10er EMA. Das ist schon das erste Anzeichen, dass der Trend zunächt pausiert. Zu diesem Zeitpunkt hätte es durchaus einen weiteren Schub nach oben geben können. Plötzlich wird das Währungspaar wieder etwas schwächer und als wir dann den ersten Candle-Close (Kerzenschlusskurs) unterhalb des 13er EMAs sehen, ist das Schicksal besiegelt. Gleichzeitig kann man in so einem Fall auch oft beobachten, dass die EMAs langsam kippen, also vom Winkel her nach unten drehen und später überkreuzen.

Wenn der Kurs einschläft, bringt das aber nicht immer eine wirkliche Trendwende so wie wir es hier in diesem Beispiel sehen. Häufig entsteht daraus auch nur ein Seitwärtskurs. Dies ist natürlich auch ein Grund den Trendtrade zu verlassen, doch dann könnte ein neuer

Trade in die andere Richtung zum Problem werden. Ich trade in solchen Fällen selten gleich in die andere Richtung, sondern warte meist noch auf einen stärkeren Schub in die Gegenrichtung, um tatsächlich eine Bestätigung zu haben.

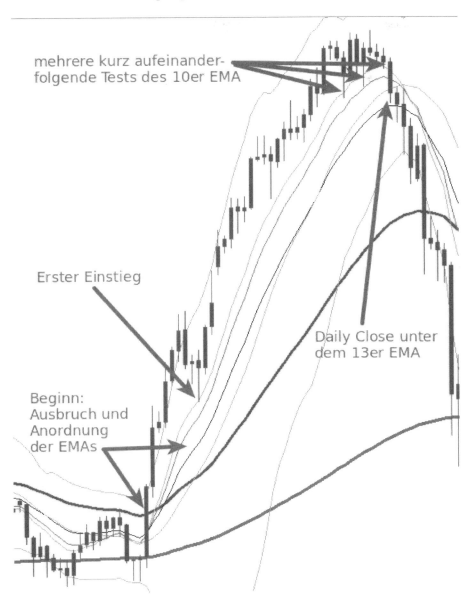

mehrere kurz aufeinander-
folgende Tests des 10er EMA

Erster Einstieg

Beginn:
Ausbruch und
Anordnung
der EMAs

Daily Close unter
dem 13er EMA

c) Candlestick Umkehr

Es ist eine klassische Methode um eine Umkehr vorherzusagen und deshalb für viele Leser auch nichts Neues. Doch gerade deswegen gibt es keinen Grund, es nicht trotzdem in Verbindung mit den Triple EMAs zu nutzen.

Wenn es zu einer übertriebenen Dochtbildung kommt, ist das oft auch ein Zeichen für eine bevorstehende Umkehr in die Gegenrichtung. Derartige Kerzen kommen nicht zufällig. Sie sind ein Zeichen dafür, dass sich dort oben oder da unten eine Macht befindet, die den Kurs einfach nicht passieren lassen möchte. Das kann aufgrund eines starken Widerstandes oder einer starken Unterstützung sein, wodurch sich bereits Trader in die Gegenrichtung formieren oder Gewinne mitnehmen. Es kann aber auch kurz vor Wirtschaftsdaten passieren, wenn einige Marktteilnehmer bereits Vorahnungen haben oder als Vorsichtsmaßnahme einfach die offenen Positionen schließen. Sehr oft ist nach solchen Umkehrkerzen mit einer stärkeren und dynamischen Bewegung in die Gegenrichtung zu rechnen, weshalb man davon ausgehen kann, dass der 10er EMA eventuell Probleme damit haben könnte, diese Bewegung aufzuhalten.

Deshalb nutzt uns eine Candlestick Umkehr auch bei den Triple EMAs, da es hier nicht nur darum geht einen Trend zu folgen, sondern auch abzuschätzen, ob die Linien noch einmal halten werden oder nicht.

Neben den Dochtbildungen gibt es auch eine Vielzahl anderer Kerzen. In vielen Büchern gibt es die tollsten Namen für all diese Typen von Candles, doch die brauchen Sie nicht zu kennen. Am wichtigsten es, ist die Psychologie dahinter zu verstehen. Grundsätzlich gilt als Umkehrkerze:

1) Dochtbildung: Der Kurs zieht in eine Richtung, dreht dann um und hinterlässt einen langen Docht nach oben oder unten. Psychologisch gesehen kann davon ausgegangen werden, dass die Markteilnehmer mit diesen Preisen zufrieden waren oder plötzlich auf die Gegenrichtung setzen. Ein Kippen des Trends könnte bevorstehen.

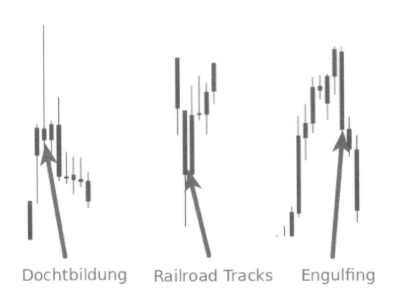

Dochtbildung   Railroad Tracks   Engulfing

2) Railroad Tracks: Psychologisch und funktionstechnisch ganz gleich wie bei der Dochtbildung. Der einzige Unterschied ist, dass in diesem Fall die Wechselbewegung nicht innerhalb einer Kerze passiert, sondern dafür zwei Kerzen benötigt werden.

3) Engulfing: In diesem Fall steht der Kurs zunächst noch ganz gut da und es sieht für den Trend gar nicht mal so schlecht aus. Doch plötzlich fällt der Kurs zurück und verschlingt (to engulf = verschlingen, versenken) die Schlusskurse mehrerer vorheriger Kerzen. Wenn der Schlusskurs dieser Kerze zumindest den Schlusskurs von zwei bis drei vorherigen Kerzen über- oder unterbietet, kann man von einer möglichen Trendumkehr ausgehen. In unserem Beispiel auf der vorherigen Seite wurden sogar die Schlusskurse der letzten fünf Kerzen unterboten.

Alle Umkehrkerzen gibt es natürlich in beide Richtungen.

Wichtig: Da es sich um **Umkehr**kerzen handelt, brauchen wir natürlich auch einen Trend, denn in einer Seitwärtsphase gibt es nichts zum umkehren. Dann sind diese Kerzen meistens wertlos.

d.) Umkehr nach Signalen der Bollinger Bands

Die Bollinger Bands gehören zu meinen liebsten Werkzeugen, da es hier einfach viele Möglichkeiten gibt, um Bewegungen vorherzusagen. Wir werden uns später in diesem Buch noch während eines ganzen Kapitels über die Bollinger Bands unterhalten. Konzentrieren wir uns hier jetzt aber erst einmal auf zwei Szenarien. Ein Trend nach Triple-EMA ist in Gefahr, wenn bei den Bollinger Bands folgendes passiert:

1.) Band der Gegenseite dreht um:

Während eines Trends sind die Bollinger Bänder geöffnet und der Kurs läuft an ihnen entlang. Dreht das Band der Gegenseite jedoch wieder um und zeigt wieder in die Richtung der offenen Kerze, sagt dies oft eine Trendwende voraus. Mit diesem Ansatz sollte man aber vorsichtig sein, da es in längerfristigen Bewegungen auch passieren kann, dass die Gegenbänder parallel zum Trendband laufen.

2.) Neues Hoch/Tief innerhalb der Bänder:

Oft läuft der Kurs an den Bändern entlang und holt dann noch einmal zu einem letzten Schub aus. Doch dieser Schub erreicht nicht mehr das Trendband, sondern bildet sich innerhalb der Bänder. Das kommt zwar weniger häufig vor, ist aber auch immer ein gutes Signal bei dem man Acht geben sollte. Wir werden uns im Kapitel 3 (Bollinger Bands) noch weitere Umkehrmuster ansehen.

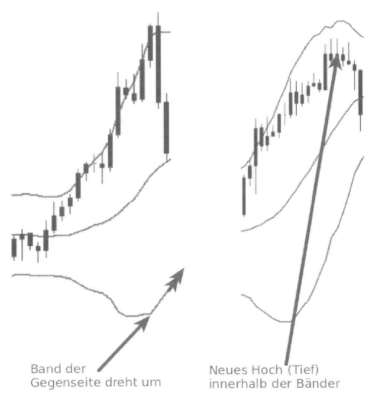

Band der
Gegenseite dreht um

Neues Hoch (Tief)
innerhalb der Bänder

In stärkeren Trends kann es vorkommen, dass die Bänder parallel zueinander laufen. In solchen Fällen funktioniert die Umkehr "Band der Gegenseite (1.)" nicht. Dieses Signal kann also nur angewendet werden, wenn vorher beide Bänder geöffnet waren. Ein Beispiel dazu finden Sie auf der nächsten Seite.

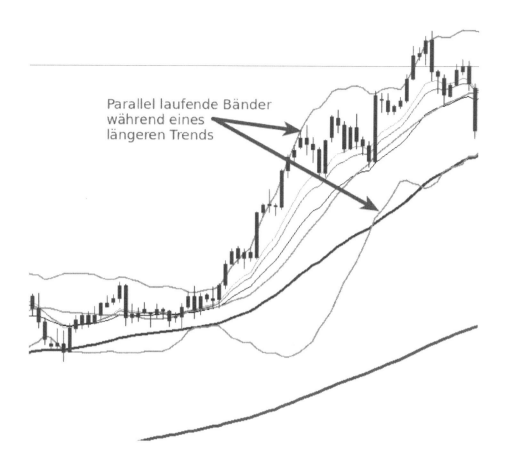

Parallel laufende Bänder
während eines
längeren Trends

VII. Triple-EMA während News

Das Handeln während der Veröffentlichung von Nachrichten und Wirtschaftsdaten – wie zum Beispiel die NFP der USA – gehören zu den wohl spannendsten, aber gleichzeitig auch schwierigsten Situationen, die man im Markt erleben kann. Die Bewegungen sind oft unsicher und springen schnell wieder in die andere Richtung – und wenn es dann doch klar in eine Richtung geht, läuft der Markt so schnell, dass man nur schwer einen Einstieg findet. Auch hier kann Triple-EMA Abhilfe schaffen.

Das Problem an Newsbewegungen ist, dass es sehr oft zu einer schlagartigen Bewegung kommt. Manchmal wird diese Bewegung auch tatsächlich weitergeführt, oft dreht diese dann aber plötzlich um. Steigt man in die Bewegung ein, kann es also passieren, dass man seinen Trade auf einmal tief im Minus wiederfindet.

Wenn ich mithilfe der Triple-EMAs Nachrichtenereignisse handle, dann gehe ich immer wie folgt vor:

1) Ich warte auf die Daten, denn ein Trade vor der Veröffentlichung wäre lediglich ein Ratespiel.

2) Wenn ich die Daten dann kenne, schaue ich, ob diese mit der tatsächlichen Bewegung übereinstimmen. Waren die Daten also schlecht, aber der Kurs steigt, dann ist die Wahrscheinlichkeit höher, dass der Kurs bald wieder dreht. Stimmen die Daten jedoch mit der Bewegung überein, fühle ich mich definitiv wohler. Wichtig ist es, dabei auch die Bewegungen vor der Veröffentlichung miteinzubeziehen. Sehr oft ist der Kurs bereits vor den schlechten Daten soweit gefallen, dass es deshalb keine Luft mehr nach unten gibt, da einfach vieles schon eingepreist ist. Ideal ist es, wenn die Zahlen eine Überraschung sind oder der Markt davor relativ neutral unterwegs war.

3) Wenn ich dann eine lange Kerze in eine gewisse Richtung sehe, steige ich noch nicht sofort ein, da ich mir zuvor einen Einstiegs- und Stop-Loss-Punkt suchen muss. Dazu gehe ich in einen der kürzeren Timeframes wie M1 oder M5, da man zu diesem Zeitpunkt im H1 oder H4 lediglich einen langen grünen oder roten Strich sieht. Wir müssen diese Kerze also noch weiter aufbrechen, um mehr Informationen zu sehen. Schnellere Bewegungen erfordern auch schnellere Timeframes.

4) Ich suche dann im M1 und im M5 nach Einstiegen am 10 EMA. Kommt der Kurs allerdings zu schnell zurück, verzichte ich auf den Einstieg. Ideal ist es, wenn der Kurs – bei einem beispielsweise fallenden Markt – nur leicht ansteigt, denn dies signalisiert uns weitere Schwäche, da er bei der Erholung Schwierigkeiten hat. Die EMAs bewegen sich dann immer weiter nach unten, während sich der Kurs erholt. In der Mitte kommt es dann zum Zusammentreffen.

5) Dann erfolgt der Einstieg und ich bleibe solange drin, bis ich ausgestoppt werde (auch hier ziehe ich den Stop nach jedem Candleclose hinter dem 20er EMA nach). Wenn sich die EMAs bereits vorher wieder flechten, also die Formation verlassen, steige ich manuell aus.

Sehen wir uns dazu ein Beispiel an:
Was wir hier sehen ist übrigens die selbe Bewegung, die den Flaggenwiedereintritt im Beispiel „Fehlausbruch" auf Seite 28 bewirkte. Die Daten waren schlecht und der Markt brach sofort innerhalb weniger M5-Kerzen rund 80 Pips nach unten. Natürlich ist es schade, dass wir hier noch nicht drin waren, aber was helfen mir 80 Pips wenn ich ein derartiges Risiko eingehen muss. Vielleicht bekommt man einmal ganz schnell 80 Pips, aber mit der gleichen Herangehensweise verliere ich bei den nächsten drei Trades dieser Art und dann bliebe vom Gewinn nichts mehr übrig, also lieber verzichten.

Die Kerzen waren zu diesem Zeitpunkt weit von den EMAs entfernt und auch im noch schnelleren M1 waren keine Einstiege zu finden.

Irgendwann fängt sich der Kurs wieder an leicht zu erholen – deutlich, aber nicht zu stark. Es kann also davon ausgegangen werden, dass es noch zu einer weiteren Verkaufswelle kommen wird. Währenddessen bewegen sich die EMAs langsam aber sicher nach unten, bis Kerzen und Linien aufeinander treffen. Hier erfolgte dann der Einstieg und unmittelbar danach kam es wieder zu deutlichen roten Kerzen. Ganz rechts unten im Bild sehen wir dann, wie sich die EMAs wieder flechteten, also überkreuzten bzw. sich die Reihenfolge wieder willkürlich vermischte. Das wäre der Ausstiegspunkt.

Bei diesem Trade konnte ein Gewinn von 30 Pips erzielt werden. Man könnte jetzt sagen, dass das nicht viel ist, doch es war die sichere Variante. Insgesamt handelte es sich bei dieser Bewegung um einen 100-Pip-Rutsch. Es wäre zwar deutlich mehr drin gewesen, aber das Risiko wäre dafür viel zu groß gewesen.

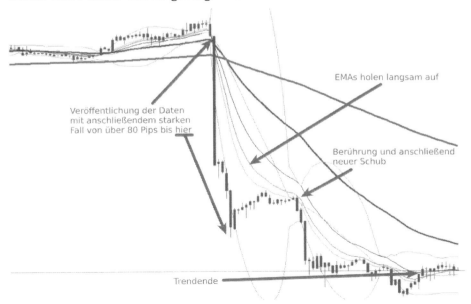

In unserem Fall hatten wir lediglich einen Stop-Loss von 10 Pips, also somit ein Chance-Risiko-Verhältnis von 3 zu 1.

Es ist oft besser 30 solide Pips zu holen, als mit übertriebenem Risiko zu versuchen den Homerun zu fangen.

Das Schöne an dieser Strategie ist, dass wir im Falle von Unentschlossenheit des Kurses – also wenn er willkürlich steigt oder fällt – erst gar kein Einstiegssignal erhalten, da sich die EMAs so unmöglich formieren können.

Somit brauchen wir uns auch keine Gedanken über das „was-wäre-wenn" machen, wenn es zu einer unregelmäßigen Bewegung kommt, wir traden einfach nicht.

Im kommenden Bild sehen wir den M5-Chart im FDAX während der Veröffentlichung von französischen und deutschen Daten an einem Vormittag. Die Daten wichen zwar von den Erwartungen ab, doch waren die deutschen besser und die französischen Zahlen schlechter als erwartet. Es entstand somit keine klare Richtung und wenn wir uns hier im M5 die EMAs ansehen, kam auch kein Signal und somit auch kein Trade zustande. Wir wurden also davor bewahrt an diesem Kursmassaker teilzunehmen.

Zeitpunkt der Veröffentlichung

KAPITEL 2
"Verhaltensregeln"

2.) Verhaltensregeln

Dass im Leben vieles nicht ohne Regeln geht, das wissen wir. Genauso ist es auch beim Trading. Es gibt einfach gewisse Dinge, an die wir uns halten sollten, denn erfahrungsgemäß führen bestimmte Handlungen meist zu Verlust. Und ich spreche hier nicht nur von meiner eigenen Erfahrung. Diese Grundsätze sind schon seit Jahrzehnten, vielleicht auch Jahrhunderten, die Grundlage für den erfolgreichen Handel an den Finanzplätzen. Um die Übersicht nicht zu verlieren, habe ich für mich die sogenannte „FX Constitution" erstellt. Es handelt sich um fünfzehn einfache Regeln, die ich zusammengetragen habe und mich tagtäglich eisern daran halte. Denn ich weiß: Solange ich gegen keine dieser Regeln verstoße, kann zumindest nichts Schlimmes passieren. Auch wenn ich Sie in diesem Buch immer mit „Sie" anspreche, sind diese Regeln alle „per du". Denn diese sollten Sie an sich selbst stellen, und ich gehe davon aus, dass Sie mit sich selbst auch "per du" sind.

1) Plane deinen Trade und trade deinen Plan
2) Halte Verluste kurz und lasse Gewinne laufen
3) Identifiziere zuerst den Trend und folge dann dem Strom
4) Handle nie ohne Stop-Loss
5) Füge niemals Kapital zu einem verlierenden Trade hinzu
6) Handle nie ohne Bestätigung
7) Lockere nie deinen Stop-Loss
8) Ziel 1: Kaptial schützen – Ziel 2: Profit
9) Setzte den Stop dorthin wo er technisch sein muss
10) Trading ist kein Glücksspiel
11) Kein Overtrading!
12) Sei geduldig!
13) Sei nicht gierig!
14) Versuche dich niemals an dem Markt zu rächen
15) Es kommt immer wieder ein neuer Trade

I. Plane deinen Trade und trade deinen Plan

Wie überall im Geschäftsleben sollte man bereits vorher einen Plan davon haben, was man machen möchte. Trading ist nichts anderes, als ein Geschäft und deshalb gilt dieser Grundsatz auch hier. Diese Regel besteht aus zwei Teilen. Einerseits soll man seinen Trade planen, und dann natürlich auch seinen Plan traden. Nicht zu oft steigen Trader zwar laut Plan in ihren Trade ein, aber während dieser dann läuft, wird dieser Plan gerne über den Haufen geworfen. Die Position wird zu früh geschlossen oder gar nicht und fällt dann wieder zurück. Der Stop-Loss sowie auch das Kursziel müssen bereits vor dem Trade feststehen. Sobald wir auf den Knopf gedrückt haben, fängt der Stress an und da kann leicht eine Fehlentscheidung passieren. Vor dem Trade haben wir noch die mentale Ruhe, unser Geld ist noch sicher am Konto und wir können selbst entscheiden wann und ob wir einsteigen. Zu diesem Zeitpunkt hat der Trader noch die absolute Kontrolle, die er aber verliert, sobald er positioniert ist. Dann ist man nur noch Mitfahrer, wie in einem Bus. Der Markt macht was er will und wir können nur dabei zusehen. Wenn wir vorher unser Kursziel und unseren Stop Loss aufgrund einer wohlüberlegten Analyse festgesetzt haben, warum sollen wir dann noch etwas ändern?

Natürlich beinhaltet dieser Tradeplan nicht nur wo der Stop-Loss oder das Kursziel ist. Wir können uns auch schon im Vorhinein überlegen, ab wann wir unseren Stop-Loss auf Einstand nachziehen und ab wann wir unseren Stop Loss ins Plus bewegen, um etwas Gewinn abzusichern. Vielleicht handeln wir sogar ohne Kursziel und wollen die Position laufen lassen und einfach nur den Stop-Loss nachziehen solange es geht. All das müssen wir uns vorher überlegen und dann genau so ausführen. Selbstvertrauen ist hier sehr wichtig. Wenn man über längere Zeit erfolgreich tätig ist, und sei es nur auf einem Demokonto, dann weiß man, dass die gehandelte Strategie funktioniert und dann entwickelt man auch automatisch das Vertrauen dazu.

Die Erfahrung zeigt, dass wenn man einen Trade während er läuft ändert, sich meistens im Nachhinein herausstellt, dass der ursprüngliche Plan besser gewesen wäre.

II. Halte Verluste kurz und lasse Gewinne laufen

„Cut your losses short and let your profits run" ist wohl eine der bekanntesten Tradingweisheiten. Fast jeder kennt sie, trotzdem neigen sehr viele dazu, es eher umgekehrt zu machen. Verluste werden ewig laufen gelassen in der Hoffnung, dass diese wieder in positives Territorium zurückkommen – und wenn dann mal ein guter Trade da ist, wird dieser gleich mit kleinem Gewinn geschlossen, um ja nichts mehr zu verlieren. Ein guter Trade kann je nach Strategie und Timeframe einen ganzen Tag, eine ganze Woche oder einige Monate dauern.

Jeder Trade kann nicht im Gewinn enden. Verluste gehören zu diesem Geschäft einfach dazu, deshalb müssen wir darauf achten, dass unsere Gewinner größer sind als die Verlierer. Wenn wir das immer so handhaben, können wir selbst bei einer Trefferquote deutlich unter 50 Prozent immer noch am Ende mit einem Gewinn dastehen. Viele kleine Verluste und wenige große Gewinne, das würde schon reichen. Wenn wir immer darauf achten, dass unsere Verluste klein sind, und zwar so klein, dass wir sie kaum spüren, dann haben wir mit jedem größeren Gewinntrade die Möglichkeit aufzuholen. Wenn wir zehn überdimensionale Verluste gemacht hätten, könnte ein Trade alleine wohl kaum Linderung verschaffen. Kleine Verluste sind ein Schlüssel zum Erfolg und die kleinen Verluste zu produzieren ist oftmals genauso eine Leistung wie Gewinne zu machen. Wir werden darüber noch im Kapitel 7 (Money Management) sprechen.

III. Identifiziere zuerst den Trend und folge dann dem Strom

Diese Regel sollte ja eigentlich klar sein, dennoch nehmen es viele Trader oft nicht so genau damit. Meist wird in einem Währungspaar einfach nur deshalb eine Longposition eröffnet, da der Trader glaubt, dass der Kurs steigen wird oder es sich einfach nur wünscht. Das ist schön, aber hilft alles nichts, wenn es gerade einen Abwärtstrend gibt. Wie oft haben Sie schon versucht in ein fallendes Messer zu greifen, wenn der Preis eines Währungspaares an einem Tag nur so runter rasselt. Viele, vor allem unerfahrene Trader, verbringen oft solch einen Tag damit, sich ständig an allen möglichen Unterstützungsebenen einzukaufen, nur um zehn Minuten später wieder im Stop-Loss zu sein. Am Ende des Tages zeigt die Kontohistory einen Riesenverlust an und dann wird von einem „schweren Tag" gesprochen. Doch an diesem „schweren Tag" ist der Kurs vielleicht gerade 240 Pips nach unten gefahren. Hätte man einfach am Vormittag eine einzige Shortposition eröffnet, würde man jetzt von einem „leichten Tag" sprechen.

Deshalb ist es wichtig, immer zuerst nachzuforschen, wohin sich der Markt im Moment bewegt. Wohin ich glaube oder es mir wünsche, ist absolut irrelevant. Der Markt sagt wo es lang geht.
Beim verzweifelten Versuch sich in eine Abwärtsbewegung immer und immer wieder reinzukaufen, verliert man die Übersicht und die Objektivität. Nicht nur, dass man dann Verlust macht, oft entgeht einem dadurch auch die Möglichkeit, einen guten Profit zu machen – und das ist dann doppelt bitter.

Es ist aber nicht nur entscheidend zu wissen wohin es geht, sondern auch zu wissen, ob es überhaupt irgendwo hingeht. Ein weiterer häufiger Fehler, den viele Trader machen ist, dass während einer Seitwärtsphase verkrampft versucht wird, einen Trend zu handeln.

Der Kurs läuft aber lediglich in einer engen Spanne und außer einer großen Menge an ausgestoppten Trades bleibt am Ende nichts übrig. Sie können EMAs oder auch Bollinger Bands ganz gut dazu benutzen, um festzustellen, ob es aktuell einen Trend gibt oder nicht. Ist kein Trend da, können Sie Ihre Trendstrategie auch nicht handeln und sollten pausieren, außer Sie handeln eine spezielle Strategie für Seitwärtsranges.

IV. Handle nie ohne Stop-Loss

Ohne Stop-Loss-Order zu handeln ist mit Selbstmord gleichzusetzten. Der häufigste Grund für überdurchschnittlich hohe Verluste ist das Nichtsetzten von Stop-Losses. Wie schon in Regel 1 erwähnt, muss der Stop-Loss bereits vor dem Eingehen des Trades feststehen. Eigentlich bräuchten wir diese Regel nicht extra anzuführen, da durch Regel 1 oder 2 dies schon selbstverständlich sein sollte und auch in den kommenden Regeln wird die Notwendigkeit einer Stop-Loss-Order immer wieder verdeutlicht. Da davon aber trotzdem eine massive Gefahr ausgeht und um absolute Klarheit darüber zu verschaffen, möchte ich dies noch einmal im Klartext als eigene Regel anführen.

Sollten Sie Probleme mit dem Akzeptieren oder beim Setzen von Stops haben, dann hat das meist einen ganz simplen Grund: die Grundprogrammierung des Menschen. Es gibt natürliche Verhaltensweisen, die zum Teil evolotionär bedingt, aber auch auf die klassische Erziehung zurückzuführen sind. Manche Zungen behaupten auch, dass gewisse Denkmuster von ganz oben durch die staatliche Schulbildung gesteuert werden, aber das ist ein anderes Thema. Durch diese Grundprogrammierung legen wir in gewissen Situationen ein spezielles Verhalten an den Tag. Sehr viele dieser Verhaltensmuster sind beim Trading fehl am Platz und das wird wohl auch ein Grund dafür sein, warum es so schwer ist und die meisten Trader Geld verlieren. Das Auslösen der Stop-Loss-Order kommt einer absoluten Kapitulation gleich und ist nichts anderes als die offizielle Bestätigung dafür, dass wir versagt haben. Wir haben in uns einen Schutzmechanismus, der uns genau vor diesen Situationen bewahren möchte und diese geistige Einrichtung wird hier vielen zum Verhängnis. Man glaubt, dass man erst verloren hat, wenn der Trade im Stop-Loss beendet ist und um das zu verhindern, wird einfach keiner gesetzt oder der bereits eingestellt Stop wird nicht akzeptiert. In Wahrheit dürfen wir aber nicht in einzelnen Trades denken, sondern Verlust definiert sich mit jedem einzelnen Euro oder Dollar, der von unserem Konto fließt. Es ist also völlig gleichgültig, wie viele Trades ausgestoppt werden. Das Einzige was zählt, ist die Anzahl an Währung, die verloren geht. Ein gut gesetzter Stop sorgt dafür, dass sich dieser Betrag in Grenzen hält und somit ist das Auslösen einer solchen Order eher ein Segen als ein Fluch. Sie waren bestimmt schon einmal in der Situation, dass Sie einen Stop-Loss nicht akzeptieren wollten oder nicht gesetzt hatten und mussten danach die Erfahrung machen, dass die darauffolgenden Verluste noch viel größer wurden und im Nachhinein der ursprüngliche Stop-Verlust die bessere Variante gewesen wäre. Natürlich kann es auch vorkommen, dass ein verloren geglaubter Trade, dank des Nichtsetztens eines Stop-Losses, wieder ins Plus zurückdreht und Sie deshalb den Verlust vermeiden konnten. Aber was hilft Ihnen das, wenn es zehn mal gut geht und Sie sich deshalb vielleicht ein paar Pips sparen und dank dieser Vorgehensweise beim elften Trade der Margin Call ansteht. Dann helfen Ihnen die ersparten Pips oder Dollars der ersten zehn Trades auch nicht mehr weiter.

Im Grunde ist sich jeder dessen bewusst und trotzdem wird dieser Fehler immer wieder gemacht. Das liegt nicht an Dummheit, sondern einfach nur an mangelndem Vertrauen in das Stoppen und dies führt dann zu einer Ignoranz gegenüber den Fakten die man bereits kennt. Es ist nicht einfach, gegen seine eigene Grundprogrammierung anzukämpfen, doch es gibt einen Weg: die Erfahrung. Versuchen Sie es einfach, auch wenn es schwerfällt. Nehmen Sie sich fix vor, für zwei Wochen wirklich immer einen Stop zu setzen und diesen auch zu akzeptieren, egal was passiert. Normalerweise müsste sich Ihr Tradingergebnis dadurch verbessern und wenn Sie daraus eine positive Erfahrung schöpfen konnten, dann wird es auch Vertrauen in diese Herangehensweise geben und es wird Ihnen künftig leichter fallen, den Stop-Loss als Freund anstatt als Feind zu sehen.

V. Füge niemals Kapital zu einem verlierenden Trade hinzu

Ein häufiger Kontokiller ist das sogenannte „adding to a loser", auch „verbilligen" genannt. Angenommen Sie eröffnen eine Kauf-Position auf einem Supportlevel. Der Kurs steigt aber nicht wie erwartet, sondern fällt durch dieses Level durch und macht ein neues Tief. Das wäre, je nach Strategie und tatsächlichen Umständen, oft ein Grund den Trade zu beenden, wenn nicht schon längst der Stop-Loss gegriffen hätte. Viele Trader wollen diesen Verlust aber nicht wahrhaben und suchen sich dann einfach eine neue Unterstützungsebene etwas tiefer, um am Ende eine weitere Position in Richtung steigender Kurse abzusetzen. Die alte Verlustposition wird natürlich gehalten.

Dies erhöht natürlich die Chance schlussendlich mit einem Gewinn dazustehen, da man jetzt eine doppelt so große Position und die zweite sogar einen wesentlich besseren Einstiegskurs hat. Doch leider wird dadurch auch das Risiko doppelt so hoch und meistens, da die Marktbewegung in dieser Situation sowieso in die andere Richtung geht, endet das in einem noch größerem Verlust. Richtig schlimm wird es dann, wenn der Trader beginnt, dies noch weitere Male zu wiederholen. Irgendwann hat er dann eine riesige Position, die viel zu groß für sein Konto ist, und die gegen ihn läuft. Dies kann natürlich auch wieder zehn mal gut gehen, wenn es aber nur einmal schief geht, kann dies das Konto kosten. Die Erfahrung zeigt auch hier: Wenn man einfach die vermeintlichen „Vorteile" des Verbilligen vergisst und einfach „niemals Kapital zu einem verlierendem Trade" hinzufügt, ist man vor viel Schlimmen bewahrt.

Eine Ausnahme ist hier natürlich, wenn dies zur Strategie gehört. Es gibt zum Beispiel sogenannte „Grid-Strategien". Dabei wird bewusst immer tiefer nachgekauft (bei short natürlich immer höher), um dadurch die Breakeven-Linie immer näher heranzuziehen. Dies funktioniert aber nur deshalb, da hier auch mit extrem kleinen Positionen gehandelt wird und es einen mentalen Total-Stop gibt. Bei einem MT4-Konto von 5000 Dollar wird beispielsweise mit 0.01 Lot gestartet und dann langsam erhöht (0.02, 0.03, 0.04...). Dadurch, dass die Positionsgröße immer größer wird, reichen am Ende nur wenige Pips in die richtige Richtung und der Trade ist wieder „zuhause". Kommt es zu einem starken Schuss in die richtige Richtung, verdient die Strategie. Sollte es zu schnell in die falsche Richtung laufen, dann werden alle Positionen zum Beispiel bei 5% Verlust des Gesamtkontos geschlossen um größere Verluste zu vermeiden. Was ich damit sagen möchte ist, dass man diese Regeln natürlich ernst nehmen sollte, es aber immer wieder Strategien geben kann, bei denen man eine dieser Regeln nicht benötigt oder zumindest anders interpretieren muss. Lassen Sie sich also bei Ihrer kreativen Strategieentwicklung nicht von diesen Regeln zu sehr blenden, es ist nichts in Stein gemeißelt. Doch wie man auch am „Grid-Beispiel" sieht, funktioniert das Aussetzen dieser Regel nur, wenn es dafür auch Ersatzregeln gibt (kleine Positionen, Total-Stop...)

Ansonsten hat auch das Hinzufügen zu einem Verlusttrade oft mit der vorhin schon angesprochenen Grundprogrammierung zu tun. Wir glauben von Natur aus gerne, dass die Vergrößerung der Postion und somit der Druck den wir im Markt ausüben die Lösung dafür ist, wenn dieser gegen uns läuft. Wenn wir eine Tür nicht aufbekommen, dann erhöhen wir ja auch erst einmal die Druckkraft. Genauso, wie wir jemanden beim zweiten Mal lauter rufen, wenn er uns beim ersten Versuch nicht hörte. Doch der Markt macht, was er will und interessiert sich für unsere Positionierung nicht.

VI. Handle nie ohne Bestätigung

Es kann nie schaden, sich seine Informationen von mehren Quellen zu besorgen und genau so ist es im Trading wichtig, nicht nur einen Einstieg basierend auf einer Annahme oder einem Indikator zu machen. Wenn sich ein Preis einer wichtigen Unterstützungsebene nähert und man sich long hinein positionieren möchte, dann ist diese Unterstützung zwar ein legitimer Grund eine Kauforder zu eröffnen, wenn aber ein für mich wichtiger Indikator dagegen spricht und der Kurs bereits vorher ein tieferes Hoch gemacht hat, hätte man hier zumindest zwei Gründe nicht long zu gehen. Wenn der Preis auf den Supportbereich trifft, ist dies zwar schön, aber um wirklich einen relativ sicheren Long absetzten zu können, benötigen wir etwas Bestätigung. Das muss nicht heißen, dass wir zehn verschiedene Indikatoren benötigen um diesen Tradeplan bestätigen, aber zumindest irgendeine Form von weiterer Bestätigung macht die ganze Sache komfortabler.
Wenn sich die Unterstützungslinie mit einer Trendlinie kreuzt und sich der Stochastic im überverkauften Bereich befindet, sind mehrere Studien auf unserer Seite und somit die Erfolgsaussichten wesentlich höher.

Beim spekulativen Trading kann diese Regel ausgelassen werden, denn hierbei handelt man bewusst zum besten Preis, um den Vorteil eines guten Einstiegs zu haben. Natürlich ist die Trefferquote dann deutlich geringer, doch dafür haben die Trades einen engeren Stop und deshalb ist auch eine größere Positionsgröße möglich. Somit sinkt zwar die Anzahl der Gewinntrades, dafür wird dies durch ein besseres Chance-Risiko-Verhältnis (CRV) ausgeglichen. Besonders bei der vorhin besprochenen Triple-EMA-Strategie haben wir sehr viele spekulative Einstiege, denn hierbei kaufen wir uns bei einem Aufwärtstrend in die fallende Korrekturbewegung am 10er EMA ein, ohne zu wissen oder uns bestätigen zu lassen, ob der Kurs davon abprallt oder nicht. Der Vorteil liegt hier im möglichen und punktgenau perfekten Einstieg, den wir durch das Positionieren am 10er EMA erhalten.

VII. Lockere nie deinen Stop-Loss

Unter dem „Lockern eines Stop-Losses" versteht man den Stop-Loss in Richtung Verlust zu verschieben, also bei einer Kaufposition nach unten und einer Verkaufsposition nach oben. Wenn wir einen Stop-Loss bewegen, dann nur in die profitable Richtung um das Risiko zu minimieren oder Gewinne abzusichern. Im Grunde genommen ist diese Regel mit Regel 5 verwandt. Denn wenn man den Stop in die Verlustrichtung verschiebt, geht man zusätzliches Risiko ein, somit fügt man eigentlich auch Kapital zu einem verlierenden Trade hinzu, lediglich die Vorgehensweise ist anders.

Meist endet diese Taktik in einem großen Verlust. Wir sollen Verluste ja kurz halten (Regel 2). Der Stop-Loss wird bereits vor dem Trade festgesetzt (Regel 1). In der vor dem Trade herrschenden mentalen Ruhe wird der Stop klug ausgewählt und muss dann auch akzeptiert werden.

Die genaueren psychologischen Hintergründe haben wir bereits bei Regel 4 ausführlich besprochen. Lockern des Stop-Losses ist im Grunde nichts anderes als gar keinen zu setzten, denn der eigentliche Effekt einer Stop-Loss-Order ist die Tatsache, dass diese auch irgendwann ausgelöst wird und die Verluste begrenzt. Lockern wir diesen Stop-Loss, dann nehmen wir ja auch automatisch mehr Verluste in Kauf, da wir nicht wollen, dass wir ausgestoppt werden und somit unser Versagen offiziell wird.

VIII. Ziel 1: Kapital schützen – Ziel 2: Profit

Natürlich sollte auch Profit unser Ziel sein, denn deshalb machen wir das Ganze ja. Aber das können wir nur, solange wir Geld haben um es zu investieren. „Money is your service", sagt man dazu im Englischen gerne. Ein Autoverkäufer, dessen Service Autos sind, könnte kein Geld mehr verdienen, wenn er keine Autos mehr hätte. Ein Fliesenleger braucht Fliesen, ein Friseur seine Schere und ein Supermarkt hätte mit leeren oder halbvollen Regalen wenig Sinn. Unsere Ware ist Geld, wir kaufen und verkaufen Geld. Haben wir keines mehr, können wir auch keines verdienen.

Deshalb sollte das primäre Ziel jedes Trades sein, möglichst wenig zu verlieren. Deshalb benutzen wir auch einen Stop-Loss. Außerdem sollten wir es vermeiden, in „dumme Trades" reinzugehen. Nicht zu oft spürt man bereits vor dem Eingehen einer Transaktion, dass diese nicht klug ist. Ich kann mit nur einem einzigen guten Trade mehr Geld machen, als mit zehn Trades wovon sieben schlecht sind. Wenn wir einen Stop-Loss auf den Einstiegskurs nachziehen und dann mit € 0,00 ausgestoppt werden, ist das zwar schade, aber wir haben nichts verloren. In diesem Fall hätten wir Ziel 1 erreicht. Wichtig ist es, immer sein Risiko im Auge zu behalten und stets zu wissen, was das schlimmste ist, das passieren könnte. Wenn plötzlich alle Ihre Positionen in den Stop-Loss laufen würden, wie viel Verlust würden Sie dann machen? Die Antwort auf diese Frage darf niemals ein Betrag sein, bei dem Ihnen übel wird. Sie sollten immer darauf achten wenig zu verlieren, die Gewinne kommen dabei dann meistens von selbst. Es ist schlimmer Geld zu verlieren, als keines zu machen.

IX. Setze deinen Stop dorthin, wo er technisch sein muss

Der Vorteil der Technischen Analyse ist, dass wir immer eine logisches Preislevel ermitteln können, an dem unser Trade nicht mehr gültig ist: eine Trendlinie, ein EMA, ein Widerstand – was auch immer. Wir wissen, dass wenn beispielsweise eine bullische Trendlinie gebrochen wurde, unser Longtrade keine Berechtigung mehr hat, und deshalb setzten wir den Stop genau darunter. Wenn man einen Trade eingeht, sollte man – wie oben schon erwähnt – bereits vorher genau wissen, wo die Stop-Loss-Order hingehört. Es ist eigentlich auch Teil des Tradeplans. Wenn ich wegen dem Berühren einer Aufwärtstrendlinie long gehe, dann ist der einzige Zweck dieses Trades, dass ich den Kurs von der Linie abprallen sehe und davon profitiere möchte. Sollte der Kurs aber diese Linie brechen, erfüllt dieser Trade nicht mehr seinen Plan und gehört deshalb geschlossen. Bei der Festsetzung der Stop-Loss-Order sollte man also keine fixe Pipzahl nehmen oder ihn einfach vom Gefühl her irgendwohin setzten. Stellen Sie sich vor jedem Trade die Fragen: Wo ist dieser Trade nicht mehr gültig? Wo sollte der Stop technisch gesehen sein?

X. Trading ist kein Glücksspiel

Viele Leute starten den Börsenhandel, weil sie auf der Suche nach einem System sind um „schnell reich zu werden" und missbrauchen dabei diesen seriösen Markt gerne mal als Casino. Long oder short, auf oder ab, eigentlich ja eine 50:50-Chance. Da aber auch die Positionsgröße und der Einstieg eine Rolle spielen, geht dies oft schief. Diese „Trader" geben dann auf und suchen eine neue Methode um (nicht) reich zu werden. Aber auch Marktteilnehmer, die es durchaus

ernst meinen, neigen oft dazu zu zocken. Frei nach dem Motto: „Ich
bin mir nicht sicher, ob es rauf oder runter geht, also rate ich mal" -
und das auch gerne kurz bevor wichtige Wirtschaftsdaten
veröffentlicht werden. Auch die klassischen gierigen Verhaltensmuster von Spielern findet man beim Trading sehr oft. Sie haben
bestimmt schon von Spielern gehört, die mit 20 Euro ins Casino gingen
und in einer halben Stunde daraus 5000 gemacht haben, aber anstatt
sich zu freuen und nach Hause zu gehen, spielten sie weiter und
verloren wieder alles und vielleicht auch noch mehr. Kommt Ihnen
diese Situation im Bezug auf das Trading bekannt vor? Hatten Sie auch
schon einmal schöne Gewinne wieder abgegeben? Disziplin ist alles,
leider neigt der Mensch von Natur aus zu einer gewissen
Disziplinlosigkeit und Gier. Das sind emotionale Reflexe, die wir
einfach haben und bei denen es nicht so leicht ist, diese zu
überwinden. Dennoch ist es möglich. Dies erfordert jedoch Übung und
geht natürlich nicht von heute auf morgen. Deshalb ist auch ein
Demokonto zum Üben so wichtig. In erster Linie sollten Sie darauf
achten, dass Sie stets Ihren ursprünglichen Tradeplan einhalten. Auf
den kommenden Seiten werden wir noch über die damit verbundenen
Emotionen sprechen.

XI. Kein Overtrading!

„Overtrading" bezeichnet einen übertrieben Handelsstil. Dies kann
sich auf unterschiedliche Weise äußern:

Handel mit zu großer Positionierung:
Dabei kann es sich um eine zu große Position handeln, aber auch um
mehrere kleinere Positionen, die gemeinsam das Konto glühen lassen.
Bei übertriebener Positionierung kann ein Konto natürlich sehr
schnell ansteigen und sich innerhalb von Minuten vervielfältigen,
doch genau so schnell kann das Konto auch leer sein. Man könnte jetzt

zwar sagen, dass das Chance-Risiko-Verhältnis (CRV) in diesem Fall positiv wäre, denn man kann ja nur 100% verlieren, jedoch praktisch unendlich gewinnen. Doch ob es klappt oder nicht basiert letztendlich auf Glück und wenn Sie vom Trading leben möchten, wollen Sie bestimmt kein wackeliges Fundament für Ihre Existenz, das auf Glück aufgebaut ist, sondern etwas Solides. Man darf auch auf den Wiederholungsfaktor nicht vergessen. Wenn es einmal gut geht, und ich probiere es dann noch ein zweites Mal, dann geht es vielleicht wieder gut. Doch beim dritten Mal ist alles weg und dann helfen mir die beiden geglückten Versuche auch nicht mehr.

Handel mit zu hoher Frequenz:
Nicht nur das Handeln großer Positionen kann gefährlich sein, sondern auch, wenn Sie einfach zu viel handeln. Natürlich gehört es zu Scalping-Strategien dazu, dass recht viele Trades am Tag gemacht werden, doch gerade da kann es passieren, dass diese Menge stetig zunimmt. Wenn ein Tag zum Beispiel nicht so gut gelaufen ist und nach den üblichen 40 Trades kein gutes Ergebnis dasteht, neigen viele Trader dazu, diesen Misserfolg einfach nicht zu akzeptieren und machen weiter.

Das Ergebnis ist dann oft, dass am Ende 150 Trades gemacht werden und der Verlust natürlich weiter zunimmt, da aus dieser mental problematischen Situation heraus meistens keine vernünftigen Entscheidungen mehr getroffen werden können. Sehr oft wird dabei nur versucht, etwas zu erzwingen. Noch schlimmer ist es, wenn der Trader eigentlich gar keine Scalping-Strategie handelt, aber an einem speziellen Tag mit seiner Swing-Trading oder Langfrist-Strategie unzufrieden ist und dann ins Scalping verfällt. Scalping ist nichts Schlechtes, wenn die Strategie aber ursprünglich eine ganz andere war und man plötzlich mit kurzen Trades beginnt, dann handelt man eigentlich „strategielos" und das kann sehr gefährlich sein.

Overtrading entsteht meist durch Gier, die durch das bloße Verlangen nach Geld entsteht, aber auch durch den Wunsch, möglichst schnell Verluste wieder aufzuholen. Gerade wenn es darum geht, Verluste zu glätten, sollte man hier absolute Zurückhaltung üben. Nach Verlusten ist man oft deprimiert und kann nicht mehr rational denken. Trader sind mit diesen Verlusten unzufrieden und versuchen das Konto wieder besser hinzustellen. Die Trades die darauf folgen sind meistens nicht besser als diese, die für die Miesere verantwortlich sind. Das Ergebnis sind meist noch höhere Verluste und im Nachhinein wünscht man sich dann plötzlich die ursprünlich niedrigeren Verluste, die man erst nicht realisieren wollte, zurück. Dies fällt vielen schwer zu akzeptieren. Wenn man es hier ganz locker in einem Buch liest, klingt ja alles plausibel und man kann nicht verstehen, wie man es überhaupt anders machen kann, doch wenn man in diese Situation kommt, ist es jedes Mal ein Kampf.

Das Einzige was uns hier helfen kann ist Erfahrung. Der Grund dafür, dass es so schwer ist, an dieser oder auch an anderen Regeln festzuhalten ist, weil wir glauben, dass es anders auch funktioniert. Erst die Erfahrung, die mit den Jahren kommt, zeigt, dass es nicht so ist und mit Einhaltung der Regeln besser klappt. Dann bekommt man langsam Vertrauen und dann fällt es auch leichter sich daran zu halten.

Wenn Sie das nächste Mal in dieser Situation sind und nach Verlusten ins Overtrading verfallen, denken Sie einfach an diese Zeilen und machen Sie einfach mal nichts. Beenden Sie den Tag und setzten Sie sich am nächsten Tag wieder mit frischer Energie hinter die Charts. Das, was Sie gestern noch so geärgert hat, ist heute nicht mehr so schlimm und oft kommen dann ein oder zwei gute Trades und der Verlust ist plötzlich wieder eingeholt.

Es geht oft schneller als man denkt und oft muss man sogar lachen wie einfach es war, die gestern noch so dramatischen Verluste aufzuholen. Hätten Sie aber Overtrading betrieben, dann wären die Verluste heute vielleicht so hoch, dass es nicht mehr so einfach ginge.

XII. Sei geduldig!

Geduld ist etwas, das man im Trading an vielen Ecken benötigt. Ich unterscheide hier in folgende Kategorien:

Geduld beim Einsteigen in eine Position:
Wie wir es vorhin beim Triple-EMA-Ansatz gesehen haben, kann zwischen einem Signal und dem daraus resultierenden Einstieg oft einige Zeit (einige Kerzen) vergehen. Gerade beim Handel in langsameren Timeframes kann es vorkommen, dass nach einem Ausbruch, der mir den kommenden Trend bestätigt, noch einmal weitere 24 Stunden vergehen, bis der Kurs wieder auf einem Niveau ist, an dem ich einsteigen kann. Sehr viele Trader können es oft kaum erwarten endlich einzusteigen, vor allem dann, wenn man bereits im Vorfeld Tage darauf warten musste, bis ein Kurs überhaupt erst ausbricht. Sehr oft wird der Einstieg dann zu früh vorgenommen und man bekommt einen wesentlich schlechteren Preis. Aber auch vor einem Ausbruch kann es zu Kurzschlusshandlungen kommen, wenn man beispielsweise schon lange auf diesen Bruch wartet.
In diesem Fall werden dann gerne Ausbrüche gehandelt, die noch gar nicht passiert sind. Sollte der Ausbruch dann doch nicht gelingen, ist man plötzlich in einem Trade drin, den man eigentlich überhaupt nicht haben sollte. Bleiben Sie hier unbedingt Ihrem ursprünglichen Tradeplan treu. Wenn Sie bereits vorher planten, dass Sie erst einsteigen wollen, wenn dies oder das passiert, dann müssen Sie sich auch daran halten. Vertrauen Sie ruhig auf Ihre Planungsfähigkeiten die Sie im Vorfeld einsetzten, denn eines ist sicher: Zu dem früheren Zeitpunkt, als Sie den Trade noch planten, waren Sie absolut emotionslos. Jetzt, wo der Trade aber zum Greifen nahe ist, kommt durch die Ungeduld eine Emotion dazu und Emotionen werden Ihre Entscheidungen immer beeinflussen. Also vertrauen Sie ruhig ihrem „anderen Ich", das den Trade zu einem psychologisch besseren Zeitpunkt geplant hat.

Geduld beim Warten auf das Kursziel:

Angenommen, Sie kommen in einen tollen Trade hinein und dieser läuft richtig gut für Sie, doch das Kursziel wurde noch nicht erreicht. Sehr oft bekommt man dann Angst (schon wieder eine Emotion), dass dieser Kurs drehen könnte und deshalb neigen sehr viele Trader dazu, den Trade vorzeitig abzuwürgen. Dies kann natürlich von Vorteil sein, wenn tatsächlich eine Umkehr aufkommt, doch oft wird wegen diesen Emotionen in jedem noch so kleinen Signal eine Bedrohung gesehen. Auch hier spielt der emotionale Stress eine Rolle, der nach dem Einsteigen nunmal naturgemäß aufkommt. Lassen Sie sich am besten nicht verunsichern. Um das sicherzustellen, können Sie beispielsweise bereits vor dem Starten des Trades, also noch in der Planungsphase, festlegen was passieren müsste, dass Sie den Trade vorzeitig verlassen. Das kann zum Beispiel eine große Umkehrkerze in einem gewissen Timeframe sein, aber auch ein Scheitern bei einem bestimmten Widerstand oder einer Unterstützung, die zwischen Einstieg und Kursziel liegt. Wenn Sie sich unsicher sind, gibt es immer auch die Möglichkeit einer Positionsteilung. Sie schließen also nur die Hälfte Ihres Trades und lassen den Rest weiterlaufen. Das ist eine tolle Option die zwar jeder kennt, aber viele Trader in dieser Stresssituation sehr oft vergessen.

Geduld bei der gesamten Entwicklung:

Das Spiel mit der Geduld betrifft nicht nur einzelne Trades, sondern auch die Gesamtentwicklung als Trader. Man beginnt, sich mit dieser Materie auseinanderzusetzen, weil man in seinem Leben etwas verändern möchte. Jeder von Ihnen hatte da seine Gründe. Ob es nun das blanke Interesse an den Finanzmärkten ist, man sein eigener Chef werden möchte oder glaubt darin den Schlüsseln zum Reichtum zu finden, es gibt viele Gründe warum man es als Trader versuchen möchte. Und natürlich kann man es kaum erwarten bis man endlich soweit ist, um wirklich davon leben zu können, oder zumindest ein schönes Nebeneinkommen generieren kann. Der Weg bis dahin ist steinig und kann auch sehr viel Zeit in Anspruch nehmen. Gerade deshalb verlieren viele angehende Trader mit der Zeit die Geduld, denn während dieser Entwicklungsphase gibt es genug Rückschläge und andere Dinge, die einem beim Erreichen der Ziele aufhalten. Dies kann natürlich die Motivation schmälern und es macht sich dann ein Gefühl von Ungeduld breit, die einen dazu bringt, zu schnell im Glauben zu sein, dass es nun klappt. Die Folge ist dann sehr oft, das zu frühe Einsteigen mit einem großen Echtgeldkonto. Bei der Motivation mache ich mir weniger Sorgen, da ich in den letzten Jahren feststellen musste, dass die meisten angehenden Trader genug davon haben. Viele berichteten mir – und das ist auch meine eigene Erfahrung gewesen – dass es noch nie etwas in deren Leben gab, das sie so interessierte und so fesselte. Manche sagen sogar, dass sie sich selbst nicht wiedererkennen, da sie diese Entschlossenheit, es zu schaffen, gar nicht von sich selbst gewohnt sind.

Anders sieht es dabei aus, zu früh zu glauben es endlich zu können. Sehr oft hört man von Tradern, die sich bereits nach wenigen Monaten sicher sind, es jetzt drauf zu haben und sofort mit ihrem ganzen Ersparten in ein Live-Konto gehen, meistens mit mäßigem Erfolg. Das führt dazu, dass dann oft kein Kapital mehr übrig ist, wenn sie es dann wirklich könnten. Machen Sie sich deshalb keinen Stress. Man wird auch kein Arzt innerhalb von wenigen Monaten und wer als Astronaut zum Mond fliegen möchte, muss auch vorher ein jahrelanges Training über sich ergehen lassen. Und sind wir mal ehrlich: „Börsianer" ist ja ein ähnlicher Traumjob wie Arzt, Anwalt oder Astronaut auf der ISS. Natürlich kann es nie schaden, wenn man sich ein Ziel setzt, doch dieses sollte nicht zu sportlich sein. Vergessen Sie währenddessen niemals wovon Sie eigentlich leben und vernachlässigen Sie deshalb weder Ihren aktuellen Job, noch Ihre Kunden. Denn wenn Sie Pech haben, stehen Sie dann plötzlich ohne Job da, bevor es mit dem Trading klappt. Beginnen Sie ganz locker und anstatt klare Pläne zu machen, nehmen Sie das profitable Traden als Fernziel war. In der Zwischenzeit sollte man sicherstellen, dass man jeden Tag etwas dazulernt und einfach nur sein Bestes gibt. Wenn es dann langsam bergauf geht, kann man sich ein etwas konkreteres Ziel setzen, aber ganz am Anfang ist das „davon-leben-können" einfach noch zu weit weg. Ungeduld entsteht vor allem dann, wenn man große Ziele hat und bis zur Erfüllung zu viel Zeit vergeht. Machen Sie sich deshalb keine großen Ziele, dann gibt es auch keine Probleme mit der Ungeduld.

Auch die Ungeduld, die Gier und die Rachsucht, in der wir in den nächsten Punkten sprechen werden, stehen in einem gewissen Zusammenhang mit unserer Grundprogrammierung. Man muss aber auch ganz klar feststellen, dass dies von Mensch zu Mensch unterschiedlich ist. Manch einer ist extrem gierig und ungeduldig und eine andere Person hat da weniger Probleme. Sie haben bestimmt in anderen Situationen im Leben Erfahrungen gemacht, durch die Sie wissen wie Ihr Charakter in diesem Zusammenhang ist. Versuchen Sie, sich selbst ein Bild Ihrer psychologischen Eigenschaften in diesem Zusammenhang zu machen. Ich habe dieses Kapitel auch deshalb geschrieben, um Ihnen dabei ein wenig zu helfen.

XIII. Sei nicht gierig!

Neben der Ungeduld müssen wir auch die Gier eigens besprechen. Das Problem beim Trading ist, dass wir ständig die theoretische Möglichkeit hätten, massenhaft Geld zu machen und die Kurse ständig in Bewegung sind. Gerade diese Möglichkeit führt dazu, dass man gierig werden kann. Auch diese Gier äußert sich auf unterschiedliche Arten:

Die Gier nach immer mehr:
Sehr oft passiert es, dass Trader in einen guten Trade einsteigen können und dieser dann auch langsam aber sicher das Kursziel

erreicht. Ist dieses dann in Sichtweite, möchte sich dieser Trader dann trotzdem nicht damit zufrieden geben und setzt ein neues Kursziel deutlich höher. Solange der Trade auch wirklich höher steigt, ist das natürlich eine gute Sache, doch in den meisten Fällen wird das eigentliche Kursziel erreicht und dann dreht der Kurs wieder. Der Trader ist dazu gezwungen, mit einem deutlich kleineren Gewinn (oder sogar Verlust) zu schließen. Auch hier kommt wieder der psychologische Stress dazu. Sie können ruhig darauf vertrauen, was Sie ursprünglich geplant hatten. Jede Änderung während des offenen Trades kann von Emotionen beeinflusst sein.

Die Gier nach dem Schließen:
Bestimmt kennen Sie diese Situation: Sie steigen in einen Trade ein und haben zum Beispiel ein Target von 30 Pips. Zum Zeitpunkt des Einstiegs erscheinen Ihnen diese 30 Pips als der ganz große Gewinn und wenn man Sie fragen würde, ob Sie damit zufrieden wären, würden Sie ganz klar mit „Ja!" antworten. Der Trade läuft weiter und am Ende wird tatsächlich Ihr Kursziel erreicht. Eigentlich müssten Sie überglücklich sein, doch dann sehen Sie, dass der Preis noch weiter in Ihre Richtung läuft und plötzlich erscheinen Ihnen Ihre 30 Pips als wenig und Sie sind auf einmal unzufrieden damit. Sie nehmen, dann das Messwerkzeug Ihrer Handelsplattform und messen, dass der Trade jetzt bereits 60 Pips im Plus wäre. Von der Freude über die 30 Pips, die Sie eigentlich haben müssten, ist nichts mehr übrig. Beim Einsteigen in den Trade war dies noch Ihr größter Wunsch, doch jetzt fühlt es sich eher wie ein Trostpreis an.
Ich bin mir sicher, Sie waren schon öfters in dieser Situation - wer war das nicht. Vermeiden kann man sie leider nicht, so etwas wird immer wieder passieren. Man muss aber lernen damit umzugehen, denn den perfekten Trade, bei dem man ganz unten einsteigt und ganz oben wieder aussteigt, gibt es nicht und wenn doch, dann ist das Zufall und kommt nur sehr selten vor. In den meisten Fällen bekommen wir nicht die gesamte Bewegung ab, sondern nur ein gutes Stück davon. Dass der Kurs nach Erreichen des Ziels noch weiter in diese Richtung läuft,

wird oft passieren, doch Sie dürfen sich deshalb nicht verrückt machen lassen, denn das führt meistens zu unüberlegten Handlungen und zu Trades, die man eigentlich gar nicht machen sollte. Die 30 Pips sind dann am Ende auch wieder verloren. Bleiben Sie also auch hier Ihrem ursprünglichen Plan treu. Ist ihr Kursziel erreicht, freuen Sie sich darüber und wenn Sie sehen, dass der Kurs weiterläuft, dann freuen Sie sich umso mehr, denn das bestätigt zusätzlich noch einmal, dass Sie recht hatten mit Ihrer Tradingentscheidung.

Die Gier den Verlust zu tilgen:
Ein Fehler, der sehr oft gemacht wird ist, wenn Trader versuchen mit einem Trade die vorherigen Verluste auszugleichen. Dies ist grundsätzlich natürlich kein Problem, es ist sogar der richtige Weg, doch häufig passiert es, dass dabei nur noch auf den Kontostand geachtet und die eigentlich Analyse gar nicht mehr betrachtet wird. Ist ein Trader an diesen Tag zum Beispiel mit 1000 US-Dollar im Minus und der aktuell laufende Trade ist bereits mit 890 Dollar im Plus, dann sollte hier trotzdem weiterhin auf die Charts und den Tradeplan geachtet werden. Wenn es dann bei 950 Dollar Plus plötzlich ein Umkehrsignal gibt und es war der Plan bei einem solchen Signal zu schließen, dann ist der Trade auch zu schließen. Sehr oft haben die Trader dann nur noch diese 1000 USD im Auge und wollen auch unbedingt zu diesem Betrag schließen. Wenn dann bereits bei 950 USD ein Ausstiegssignal ist, wird das ignoriert und darauf gewartet, dass es vielleicht doch noch mehr wird. Sehr oft passiert es dann, dass der Kurs sich wieder in die andere Richtung bewegt und am Ende bleiben dem Trader nur noch 300 USD übrig und das, obwohl er seinen Verlust bereits auf 50 USD reduziert gehabt hätte.
Wichtig ist es, dass man auch während einer Verlustphase seine Trades ganz normal durchführt und nicht versucht centgenau irgendeinen Betrag zu erreichen. Wie weit eine Bewegung läuft, hängt nicht von der Höhe Ihrer vorhergegangenen Verluste ab – denn die kennt der Markt nicht – sondern von anderen wichtigen Faktoren wie

Widerständen, Nachrichten und so weiter. Wenn Sie also einmal in dieser Situation sind, dann schauen Sie am besten nicht auf die Geldbeträge des Trades, sondern einfach nur auf die Kerzen und Ihren Tradeplan.

XIV. Versuche dich nicht am Markt zu rächen!

Ein sehr häufiges emotionales Fehlverhalten von Tradern ist die Rache am Markt. Auch hier kann man unterscheiden:

Rache wegen Verlusten:
Man sagt: „Der Markt hat immer recht!" und das stimmt auch so. Selbst wenn es Ihnen vielleicht logisch erscheint, dass der Kurs eigentlich steigen müsste und er fällt dann aber doch, werden Sie trotzdem mit Ihrer Longposition Verlust machen, ob Sie es wollen oder nicht. Genau da setzt sehr oft dieser Rachegedanke ein. Der Trader möchte das einfach nicht auf sich sitzen lassen und kauft nach dem Fallen des Stop-Losses noch eine Longposition. Da diese „Tradingentscheidung" aber sehr oft vom emotionalen Frust gelenkt wurde und nicht vom klaren Verstand, gibt es für diesen Trade oft nur wenig Hoffnung, dass er auch klappt. Wenn es doch gut geht, war es bloß Glück. Jeder Trade ist eine Geschäftsentscheidung und muss deshalb auch als solche getroffen werden. Man kann aber keine klare Entscheidung treffen wenn man emotional beeinträchtigt ist.
Gerade in einer Verlustsituation ist der Kopf beleidigt, enttäuscht und deprimiert zugleich. Daraus kann sehr schnell Aggression entstehen. Das sind alles Emotionen die Sie nicht vermeiden können. Man hört zwar sehr oft, dass man beim Trading emotionslos sein muss, doch das geht nicht. Wir sind Menschen und als solche haben wir nun mal Emotionen. Der Schlüssel zum Erfolg liegt nicht darin, das Unmögliche zu versuchen und die menschlichen Emotionen abzuschalten, sondern

darin, diese zu kontrollieren und im richtigen Moment zu erkennen. Dies gilt nicht nur für die Rachetrades, sondern für alle emotionalen Ausbrüche, die wir in diesen Regeln besprochen haben und noch werden. Es ist wichtig die Emotionen zu erkennen. Sie haben bestimmt schon oft genug Verlusttrades gemacht (ich auch), dass Sie auch wissen wie sich das anfühlt. Sie wissen höchstwahrscheinlich auch, wie sich das Verlangen nach einem Rachetrade anfühlt. Wenn nicht, dann schließen Sie beim nächsten Mal, wenn Sie in dieser Situation sind, einfach die Augen und versuchen sich dieses Gefühl einzuprägen, damit Sie sich auch wieder daran erinnern können. Wenn es dann wieder zu solch einem Moment und dem Verlangen nach einem Rachetrade kommt, dann wissen Sie sofort, was in Ihnen vorgeht und Sie wissen auch, dass Rachetrades schlecht für den Kontostand sind. Nehmen Sie dieses emotionale Signal wahr und treten Sie drei Schritte vom Schirm zurück, denn die Erfahrung sagt Ihnen: Wenn Sie jetzt nichts machen, werden Sie am Ende mehr Geld am Konto haben. Jeder, der schon einmal durch Rachetrades viel Geld verloren hat, kann bestätigen, dass das Konto danach meistens noch leerer ist.

Rache wegen entgangener Gewinne:
Ähnlich wie bei den Verlusten, kann man sich auch fürchterlich darüber ärgern, wenn man einen Trade sah, ihn aber nicht gemacht hatte und dann mit ansehen muss, wie sich die Kurse genau so entwickeln wie erwartet. Man hat zwar nichts verloren, könnte jetzt aber auf einen schönen Haufen Geld sitzen und ärgert sich darüber. Auch dieser emotionale Moment kann zu Rachetrades führen. Meistens dazu, dass der Trader dann einfach einsteigt und sich das dann als viel zu spät herausstellt, da die eigentliche Bewegung bereits beendet und das Kursziel erreicht wurde. Wenn der Chart dann zur Erholung oder Korrektur ansetzt, ist man genau auf der anderen Seite positioniert und verliert. Auch hier sollte man sich das Gefühl von entgangenen Gewinnen genau einprägen und wenn es wieder auftritt, sollte das ein Alarmzeichen sein.

XV. Es kommt immer wieder ein neuer Trade!

Wenn es um entgangene Gewinne geht, entsteht auch ein gewisser Frust. Eigentlich handelt es sich hierbei um keine Regel, sondern eher eine Feststellung. Da dies aber sehr wichtig ist, habe ich mich dazu entschlossen, es als fünfzehnte Regel anzuhängen.

Stellen Sie sich vor, dass Sie am frühen Morgen hinter den Charts sitzen und eine tolle Tradingchance erkennen. Sie analysieren den Kurs und planen Einstiege, doch aus irgendwelchen Gründen machen Sie den Trade dann doch nicht. Am Abend müssen Sie dann feststellen, dass dieser Trade perfekt funktioniert hätte und der Kurs über 100 Pips in Ihre Richtung gelaufen wäre. Sehr oft kommt dann ein Gefühl der Ärgernis auf und man denkt, dass es so eine tolle Chance nie wieder geben wird. Doch eines ist sicher: Es kommt immer wieder ein neuer Trade!

Der beste Beweis dafür ist genau dieser Trade den Sie aktuell versäumt haben. Gestern war von dieser Chance womöglich auch noch keine Spur und heute hat alles super funktioniert. Deshalb können wir durchaus damit rechnen, dass wir morgen erneut einen derartige Chance erhalten könnten.

Bei versäumten Trades neigen viele Trader dazu – wie im vierzehnten Punkt besprochen – Rache zu üben und es wird dann eine unnütze Position eröffnet, obwohl der Trend vielleicht schon längst zu Ende ist. Der Trader macht das deshalb, da er auf diese Weise wenigstens noch ein bisschen von der versäumten Bewegung mitnehmen möchte. Doch wenn diese Bewegung nicht kommt, gibt es Verluste.

Viel besser ist es, in solch einer Situation, sich einfach der Tatsache bewusst zu werden, dass dieser Trade nun vorbei ist und es sicher bald eine neue Chance geben wird, aber nicht jetzt gleich. Die Erfahrung zeigt, dass man wesentlich besser fährt, wenn man die Sache einfach abhakt und nach einer gewissen Zeit nach neuen Chancen sucht. Diese sind dann meistens da und lassen sich mit einer gewissen Leichtigkeit nutzen. Gerade auch im Bezug auf Rachetrades sollten Sie sich in dieser Situation immer bewusst machen, dass in Kürze eine neue Möglichkeit entstehen könnte und es keinen Grund gibt irgendetwas zu erzwingen.

Fazit

Es ist gewiss nicht immer einfach, sich an all diese Regeln zu halten, denn sehr oft würden uns diese davon abhalten, einen möglichen Gewinntrade zu machen. Sehr oft erscheint uns eine Regel als unsinnig für die aktuelle Situation. Doch aus der Erfahrung damit wissen wir, dass das Trading in Ordnung ist, solange wir uns daran halten. Natürlich wird es immer wieder passieren, dass profitable Trades deswegen versäumt werden oder interessante Möglichkeiten nicht genutzt werden dürfen. Viel öfter hält uns ein solches Regelwerk aber aus schlimmen Trades heraus und nicht-verlorene Pips sind auch, in einer gewissen Weise, gewonnene Pips.

Das war jetzt mein persönliches Regelwerk und wenn Sie bisher keines hatten, können Sie es ruhig so übernehmen. Doch man sollte ständig daran arbeiten, denn man ändert sich von Zeit zu Zeit. Eine Regel, die früher noch absolut notwendig war, kann zu einem späteren Zeitpunkt vielleicht komplett unwichtig oder sogar schädlich sein. In diesem Fall müsste man dann sogar einzelne Regeln streichen oder verändern. Es kann auch passieren, dass mit der Zeit neue Regeln hinzugefügt werden müssen, da neue schlechte Angewohnheiten entdeckt werden. Versuchen Sie, jeden Fehler den Sie machen zu notieren und wenn Ihnen auffällt, dass ein einzelner Fehler zu oft vorkommt, dann erfinden Sie einfach eine Regel, die dieses Fehlverhalten verhindert.

Schreiben Sie Ihr Regelwerk groß auf eine DIN A4-Seite und hängen es dann über Ihrem Schirm auf.

KAPITEL 3
"Bollinger Bands"

3.) BOLLINGER BANDS

I. Was sind Bollinger Bands?

Bollinger Bands gehören zu den interessantesten technischen Werkzeuge die man nach meiner Sicht zur Chartanalyse nutzen kann. Jede vernünftige Handels- und Analysesoftware hat diesen Indikator integriert. Entwickelt wurde dieses Konzept von John Bollinger in den 1980ern und besteht aus drei Linien: dem Upper Band (Oberband), Midband (Mittelband) und Lower Band (Unterband). Im Text werde ich wieder den deutschen, sowie den englischen Ausdruck benutzen, denn man sollte in diesem Fall beide Ausdrücke kennen, da Trading ein internationales Geschäft ist. Außerdem hilft es mir ein wenig dabei Wortwiederholungen zu vermeiden.

Was mir an den Bollinger Bands so gut gefällt ist, dass sie sehr flexibel sind. Um die Bänder richtig zu lesen, muss man lernen sie korrekt zu interpretieren. Es gibt jedoch viele Möglichkeiten und dieses Konzept lässt auch genug Raum über, um selber eigene Theorien zu entwickeln oder um zu experimentieren.

Für meinen eigenen Handel habe ich mir in den letzten Jahren einige Konzepte zurecht gelegt, mit deren Hilfe ich die Chartenwicklung prognostiziere. Diese möchte ich mit Ihnen jetzt teilen.

II. Die klassischen Grundsätze

Am Anfang sprechen wir erst einmal über die Grundlagen der Bollinger Bands, bevor wir später dann über speziellere Techniken reden werden. Wer sich mit den Bollinger Bands bereits befasst hat, sollte deshalb diese Seite trotzdem nicht überspringen, denn – abgesehen davon, dass immer was Neues dabei sein kann – bauen die späteren Seiten dieses Kapitels darauf auf, wenn wir dann die "fortgeschrittenen Techniken" ab Seite 105 besprechen werden.

Bollinger Bands können in allen Timeframes dazu benutzt werden um Folgendes zu identifizieren:

- **Seitwärtsphasen**
- **Trends**
- **Trendwenden und Trendenden**
- **Fehlausbrüche**
- **Überhitzung**

a.) Das Messen der Volatilität

Eines der grundlegendsten Konzepte ist das Bewerten wie stark die aktuelle Volatilität ist. Man sagt:

Bänder weit auseinander: hohe Volatilität
Bänder eng zusammen: niedrige Volatilität

Gerade bei einem Trend, oder wenn ein möglicher Ausbruch wirklich zum Ausbruch werden sollte, brauchen wir natürlich entsprechende Volatilität, denn wie soll ein Trend entstehen oder eine wichtige Formation oder Linie brechen, wenn der Kurs nicht genug Schwung hat.

Im nächsten Bild sehen wir, wie das im Chart aussieht. Es fällt sofort auf, dass während Seitwärtsphasen die Bänder eng sind und sich bei bei einem Trend ausweiten. Ausweiten bedeutet, dass sich Ober- und Unterband voneinander entfernen.

Im folgenden Bild sehen wir den Unterschied zwischen engen und weiten Bändern.

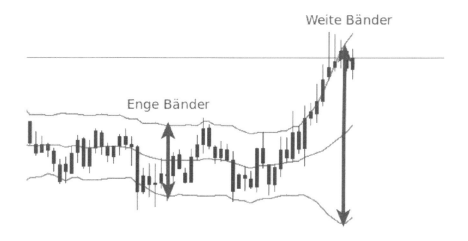

Das Mittelband hat hier nur wenig Bedeutung, es handelt sich dabei um einen ganz normalen SMA (Simple Moving Average). Ich benutze meistens diese Einstellungen:

Periode: 20
Schiebung: 0
Abweichung: 2
Anwenden auf: Close

Dies bedeutet, dass das mittlere Band ein SMA 20 ist und die anderen Linien mathematisch darauf aufgebaut sind.

Man kann mit den Einstellungen natürlich spielen und die unterschiedlichsten Handelsstrategien und Ansätze daraus entwickeln. Am besten – finde ich – sind aber immer noch die Standardsettings 20, 0, 2 close, da diese von den meisten Tradern benutzt werden und auch zu den Werkseinstellungen des Meta Trades gehören.

Auf den kommenden Seiten sehen wir uns an, wie man mit den Bollinger Bands diverse Marktbewegungen deuten kann. Hierbei ist zu beachten, dass man damit das Vorhandensein eines Trends, einer Seitwärtsphase oder eines Fehlausbruchs nicht nur feststellen, sondern auch bestätigen lassen kann. Sie können die Bänder also nicht nur als Werkzeug zur Feststellung dieser Ereignisse nutzen, sondern es auch mit jeder anderen Handelsstrategie kombinieren oder einfach nur als zusätzliche Bestätigung verwenden.

b.) Erkennen von Seitwärtsphasen

Normalerweise lassen sich Seitwärtsphasen sehr einfach mit freiem Auge erkennen. Ein Kurs läuft in einer engen Spanne – es gibt irgendwo ein Hoch und irgendwo ein Tief. Meist lässt sich dann noch sehr einfach oben und unten manuell eine horizontale Linie ziehen und man sieht die Seitwärtsphase deutlich im Chart. Sehr oft kann es aber natürlich sein, dass diese Linien nicht genau eingehalten werden, da es hin und wieder Fehlausbrüche geben kann, aber auch weil die endgültigen Linien am Beginn einer solchen Seitwärtsrange oft noch nicht ganz fest stehen.

Bollinger Bands kann man als eine Art von dynamischer Begrenzung der Range nutzen. Da sie nicht immer ganz gerade laufen, passen sich die Bänder den Gegebenheiten besser an als eine starre Linie.

Auf dem Bild der Seite 95 können wir den Unterschied zwischen den Bändern und den gezeichneten Linien sehr gut erkennen.
Die Bänder ziehen sich in schwächeren Phasen noch stärker zusammen als die starren Linien und signalisieren, dass der Kurs vielleicht gar nicht mehr bis zur Linie kommt und bereits vorzeitig wieder die Richtung wechselt. Das kann für Rangetrader sehr interessant sein. Sind sie zum Beispiel von der unteren Linie aus long und möchte die Range nach oben (Take Profit = obere Linie) handeln und sehen, dass sich die Bänder inzwischen innerhalb der Range aufhalten, dann sollten Sie ihren Take Profit vielleicht überdenken und Gewinne schon früher vom Tisch nehmen, denn vielleicht kommt der Kurs vorerst gar nicht bis ganz nach oben.

Erst wenn der Kurs dann irgendwann aus der Seitwärtsphase ausbricht und sich die Bänder öffnen, kann sich ein Trend entwickeln.

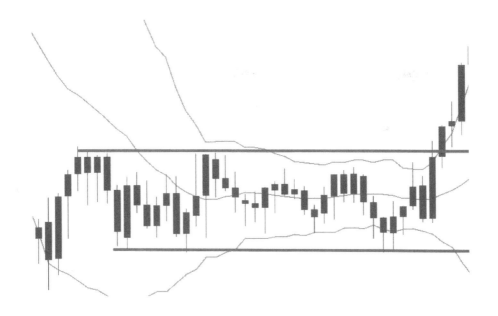

c.) Erkennen eines Trends

Damit ein Trend Bestand hat und sich auch bewegen kann, braucht er genügend Treibstoff – in diesem Fall Volatilität. Wie bereits erwähnt, können wir diese Volatilität durch die Spreizung der Bänder feststellen und genau auf das achten wir als Erstes, wenn wir feststellen möchten, ob sich aus einer Bewegung ein richtiger Trend ergeben könnte oder nicht.

Im nächsten Bild sehen wir, dass bereits vor dem Erreichen des Upper Bands der Kurs leicht angestiegen ist, doch die große Bewegung kam erst, als dieses auch erreicht wurde und sich die Bänder öffneten. Wichtig dabei ist, dass sich nicht nur das in Richtung des Trends laufende Band (in diesem Beispiel Upper Band) öffnet, sondern auch das entgegengesetzte (hier: Lower Band). Beide Bänder müssen sich voneinander wegbewegen. Das symbolisiert Volatilität und somit Schwung. Dies ist die Grundvoraussetzung eines Trends.

Bänder öffnen sich

Wie es ausehen kann, wenn sich die Bänder nicht richtig öffnen, sehen wir im Bild auf Seite 97.

Ganz links im Chart sehen wir einen starken Anstieg, der auch bestimmt sehr dynamisch war. Doch als letztendlich ein großer Docht nach oben gestellt wurde, die Kerze innerhalb der Bollinger-Range schloss und auch die Bänder flach blieben, war die Sache klar, dass es hier zu keinem Trend kommen wird. Natürlich hätte der Docht alleine auch bereits viel Aussagekraft gehabt, aber in Kombination mit den Bändern wird es noch deutlicher. Man darf auch nicht vergessen, dass wir uns hier in einer Seitwärtsphase befunden haben und eine Umkehrkerze in einer Seitwärtsphase ist mir oft zu wenig. Man fühlt sich deutlich wohler, da man noch eine zusätzliche Bestätigung hat. In diesem Fall hätten wir hier jedoch kein Shortsignal, sondern lediglich ein Signal, das uns rät nicht long einzusteigen.

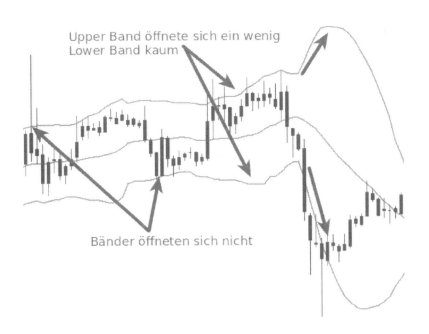

Beim zweiten Pfeil sehen wir einen Test der Unterseite der Bollinger Range. Die drei Kerzen davor waren "dunkelrot" und ohne Bänder hätte man vielleicht gedacht, dass dieser Kurs weiter fallen könnte. Doch die Bänder wurden nicht geöffnet und auch bei dem zweiten Test dieser Zone – zwei Kerzen später – änderte sich daran nichts. Auch hier hätte uns Bollinger wieder vor einer Dummheit bewahrt. Eines muss man der Fairness halber aber auch erwähnen: Im Nachhinein sehen die Bollinger Bands immer deutlicher aus, als bei offenen Kerzen. Als in diesem Beispiel die dritte rote Kerze schloss und die darauffolgende grüne Kerze noch nicht existierte, war das Band sicher ein wenig offen, deshalb ist es auch wichtig, das gegenüberliegende Band anzusehen, denn dieses ist in so einem Fall sehr oft noch flach und hätte uns die grüne Kerze vorhersagen können.

Danach stieß der Kurs wieder an die Oberseite. Die Bänder öffneten sich leicht. Eine derart leichte Öffnung sagt uns, dass es zwar ein wenig Volatilität gibt, diese könnte aber nicht ausreichen. Um endgültige Gewissheit zu haben, sieht man sich dann einfach wieder das gegenüberliegende Band an. Bei diesem Beispiel sehen wir, dass sich das Lower Band nicht öffnete und flach blieb. Somit galt auch hier: kein Trend in Aussicht.

Doch ewig kann es nicht so weitergehen, irgendwann kommt auch für dieses Währungspaar der große Moment und wie wir es auch sehen können, gelang letztendlich ein Ausbruch nach unten und somit ein kleiner Trend. Und was machen die Bollinger Bands währenddessen? Ganz klar: sie öffnen sich, spreizen sich, laufen in die entgegengesetzte Richtung, solange bis sie uns anzeigen, dass der Trend wieder vorbei ist – und genau das sehen wir uns im nächsten Punkt an.

d) Trendwende und Trendende

Ein Trendende ist nicht dasselbe wie eine Trendwende. Ein **Trendende** bedeutet nicht automatisch, dass der Kurs dreht, es bedeutet einfach nur, dass der aktuelle Trend zu Ende ist und wieder Ruhe einkehrt, um eventuell zu einem späteren Zeitpunkt fortgesetzt oder gewendet zu werden.
Eine **Trendwende** ist, wenn der Kurs plötzlich dreht oder wenn sich nach einer Ruhephase (nach dem Trendende) die andere Richtung durchsetzen kann.

Trendende

Die Bollinger Bands zeigen uns ein Trendende auf zwei Arten an

- **Wegbewegen der Kerzen von den Bändern**
- **Kippen des gegenüberliegenden Bandes**

Beides tritt meist hintereinander auf. Zuerst bewegen sich die Kerzen weg und danach kippt das gegenüberliegende Band. Wir haben hier also meist ein Doppelsignal.

Im folgenden Beispiel - das Chartbild dazu finden Sie auf der nächsten Seite - sehen wir zunächst einen schönen Trend. Sehr auffällig ist hier diese lange Kerze. Dabei handelt es sich um eine NFP-Kerze (Non-Farm-Payroll: Arbeitsmarktdaten aus den USA). Ich habe bewusst dieses Beispiel gewählt, um ganz nebenbei zu zeigen, dass selbst derartige News-Kerzen die Bollinger Bands nicht beeinflussen, sofern der ursprüngliche Trend auch weitergeht. Dazu sollte man sich natürlich in den etwas langsameren Timeframes aufhalten. Unser Beispiel zeigt den H1.

Solange der Trend andauerte, liefen die Kerzen auch schön an den geöffneten Bändern entlang. Nachdem die Bewegung dann aber ihre vorläufige Spitze erreicht hatte, begannen sich die Kerzen von den Bändern wegzubewegen. Erst einige Zeit später fing das Lower Band an, in die andere Richtung zu zeigen.

Nach einer leichten Korrekturphase wiederholte sich dieses Szenario noch einmal, wie wir es in der rechten Bildhälfte gut erkennen können. Während der Korrektur läuft der Kurs zwar ein wenig nach unten, jedoch öffneten sich dabei die Bänder nicht in beide Richtungen, was ein Anzeichen dafür war, dass es sich dabei noch um keine Wende, sondern eben nur um eine Korrektur handelte.

Trend

Bänder kippen und schauen
wieder in die andere Richtung

Das Wegbewegen ist hierbei lediglich das erste Anzeichen eines bevorstehenden Trendendes. Zu diesem Zeitpunkt könnte die Bewegung durchaus noch einmal aufflammen und einer der nächsten Kerzen wieder zum Trendband zurück laufen.

Die endgültige Bestätigung ist dann das Drehen des gegenüberliegenden Bandes – und somit unser Ausstiegssignal. Wichtig hierbei ist zu erwähnen, dass ein Trendende niemals ein Gegensignal (also in diesem Falle in Signal für short) darstellt, sondern lediglich ein Signal für den Ausstieg aus dem Trade in Trendrichtung symbolisiert. Um wirklich in die andere Richtung zu traden, bedarf es einer Trendwende.

Trendwende

Eine Trendwende bestätigt sich erst, wenn sich nach einem Trendende die Bänder erneut wieder öffnen, während der Kurs tatsächlich auch in die andere Richtung läuft. Sehr oft sehen wir zuvor – während noch der ursprüngliche Trend läuft – ein neues Hoch oder ein neues Tief innerhalb der Bollinger Bands oder während die Bollinger Bands flach bleiben.

Auf Seite 102 werden wir ein Bild sehen, das uns zeigt, wie so etwas aussieht. Zunächst gibt es einen großen Aufwärtstrend. Irgendwann beginnen sich die Kerzen wegzubewegen und als das Band dann auch noch in die andere Richtung zeigt wissen wir, dass diese Bewegung zunächst beendet ist. Wir steigen aus unserem Long-Trade aus und machen erst einmal nichts. Zu diesem Zeitpunkt ist es noch vollkommen offen, ob es zu einer Fortführung oder zu einer Umkehr kommt. In der Zwischenzeit ziehen sich die Bänder wieder zusammen und es kommt zu einer Seitwärtsphase.
Der große Fall – und somit die Trendwende – wurde erst eingeleitet, als der Kurs deutlich fiel, die Bänder sich gleichzeitig wieder öffneten und somit die Volatilität signalisierten, die wir benötigen um einen Trend zu erhalten.

In diesem Bild kann man auch sehen, dass der Preis einige Kerzen vor dem endgültigen Rutsch bereits schon einmal versuchte nach unten zu kommen. Hier hatten sich die Bänder aber noch nicht geöffnet. Erst die geöffneten Bänder leiteten die neue Bewegung ein.

Warten Sie also nicht nur auf ein Umkehrsignal, sondern auch darauf, dass der neue Trend auf der anderen Seite, durch Öffnung der Bänder bestätigt wird.

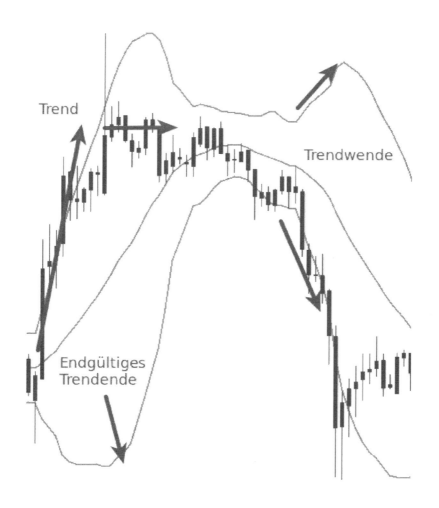

Scheitern am Trendband

Im Vorfeld einer Trendwende ist es öfter zu beobachten, dass es im alten Trend nach Einleiten einer Pause noch einmal eine Bewegung gibt, hier das Band aber nicht mehr erreicht oder flach bleibt.

In dem Beispiel unten sehen wir zunächst einen schönen Aufwärtstrend. Nachdem sich die Kerzen von den Bändern wegbewegen und das Lower Band die Richtung gewechselt hatte (Trendende), kam es trotzdem noch einmal zu einem neuen Hoch. Dabei wurde das Upper Band zwar erneut berührt, doch die Bänder blieben flach und eine klassische Fortführung, wie wir es in früheren Beispielen gesehen hatten, blieb aus. So etwas kann oft das erste Anzeichen für eine bevorstehende Trendwende sein. Es ist noch nicht unbedingt ein Singal, um auf die Gegenseite zu setzen, doch man kann sich dann bereits darauf vorbereiten, dass es bald in die andere Richtung gehen könnte. Die endgültige Bestätigung erhalten wir erst dann, wenn die tatsächliche Bewegung beginnt und sich die Bollinger Bands wieder spreizen.

Dieses Phänomen funktioniert am häufigsten, wenn das neue Hoch/Tief relativ schnell kommt, also wenn nicht allzu viel Zeit vom Wegbewegen und der Umkehr des Gegenbandes bis zum neuen Hoch oder Tief vergeht. Denn das ist oft ein Zeichen für Überhitzung, die am Ende zur Trendwende führt.

Neues Hoch und flache Bänder

Bänder werden nicht
mehr erreicht

In diesem Beispiel sehen wir, wie es der Preis noch mehrmals versucht zu steigen, das Band aber nicht mehr erreicht. Es kann auch vorkommen, dass sogar ein neues Hoch/Tief innerhalb der Bänder generiert wird, ohne das Band zu erreichen. Dies ist oft ein Anzeichen dafür, dass es nicht bei einer Pause bleiben wird, sondern eine Trendwende kommen könnte. Die endgültige Bestätigung haben wir aber auch hier erst wieder, wenn der Kurs auch wirklich fällt und sich die Bänder wieder öffnen und einen neuen Trend in die andere Richtung anzeigen. Trotzdem ist dies nicht uninteressant, denn es schadet nicht, wenn man sich schon längere Zeit vorher auf gewisse Bewegungen einstellen kann. Es geht nicht immer nur um das tatsächliche Signal, sondern es ist auch sehr wertvoll, wenn man bereits im Vorfeld etwas hat, das die Aufmerksamkeit erregt.

Das waren soweit die absoluten Grundlagen der Bollinger Bands. Jetzt wo wir diese durch haben, sprechen wir über weitere Konzepte, um die Bollinger Bands für den täglichen Handel einzusetzen.

III. Fortgeschrittene Techniken

a.) Erkennen von möglichen Fehlausbrüchen

Beim Handel von Ausbrüchen aus Chartformationen, aber auch bei normaler Trendfolge, gibt es etwas, das jeden Trader nervt: die Fehlausbrüche.
Sehr oft bricht nach langem Warten eine entschiedene Zone und wenn man dann einsteigt, dreht der Kurs plötzlich wieder um. Ich bin mir sicher, dass jeder schon einmal diese Erfahrung machen musste.

Der Grund, warum Fehlausbrüche entstehen, liegt oft daran, dass der Kurs zwar aus der Formation ausbricht, jedoch die Volatilität fehlt. Wie wir bereits wissen, können uns die Bollinger Bands dabei helfen, die Volatilität zu messen. Bei einem erfolgreichen Ausbruch würde eine Bewegung und somit ein Trend entstehen. Aus diesem Grund müssen die Bollinger Bands auch diese Bewegung anzeigen, also durch Öffnen der Bänder und so weiter, wie wir es auch auf den vorherigen Seiten besprochen haben.

Für mich ist es bei einem Ausbruch zunächst natürlich das Wichtigste, dass die starren Linien der Formation an sich brechen. Sobald ich diesen Bruch aber beobachtet habe, schaue ich mir ganz genau die Bollinger Bands in diversen Timeframes an. Als erstes nehme ich immer den Timeframe, in dem man die Formation am besten erkennen kann und sehe mir dann noch einen schnelleren und einen langsameren davor und danach an. Was ich hierbei sehen möchte ist, dass sich die Bollinger Bands tatsächlich auch öffnen. Tun sie es nicht, dann halte ich mich mit einem Einstieg zurück. Dadurch sind mir bereits einige schöne Trades entgangen, aber dafür konnten auch viele Trades vermieden werden, die sonst in die Hose gegangen wären.

Ein drohender Fehlausbruch wird meistens durch ein gewisses optisches Verhalten der Bänder angezeigt:

- Kurs läuft aus den Bändern hinaus und die Kerze schließt am Ende wieder innerhalb der Bänder.

- Kurs läuft aus den Bändern und schließt auch außerhalb davon. In diesem Fall liegt eine Überhitzung vor und es muss erst einmal mit einer Gegenbewegung gerechnet werden. Diesen Fall werden wir später in diesem Buch noch einmal genauer betrachten.

- Kurs berüht die Bollinger Bands, diese bleiben aber flach. Hierbei entsteht nicht genug Volatilität und somit auch kein Trend. Ein stärkeres Weiterlaufen des Kurses ist deshalb unwahrscheinlicher geworden.

- Bänder werden beim Ausbruchsversuch gar nicht erreicht, da sie zu diesem Zeitpunkt weiter entfernt sind. Ohne Erreichen der Bollinger Bands ist keine ernsthafte Bewegung möglich. Deshalb sollte man auch keine Euphorie zulassen, wenn der Kurs einmal ein wenig gestiegen oder gefallen ist, die Bänder aber noch entfernt sind.

Im kommenden Beispiel sehen wir eine länger andauernde Seitwärtsphase im Daily-Chart. Mehrmals hatte es der Kurs versucht, oben und unten auszubrechen und es sah einige Male kurzfristig sehr gut aus, doch letztendlich blieb der Preis innerhalb der Range. Eingekreist sehen wir einige dieser Ausbrüche die nicht funktioniert haben. Beobachten Sie, wie sich die Bollinger Bands in diesem Moment verhalten haben.

Erst, als sich am Ende die Bänder bei einem Ausbruchsversuch wirklich schön öffneten, begann der Trend in eine Richtung (in diesem Fall nach unten).

Neben den eingekreisten Ausbruchsversuchen, sehen wir in diesem Bild auch mehrere Versuche auszubrechen, bei denen die Bänder schlichtweg nicht erreicht wurden. Wird ein Band erst gar nicht erreicht, dann muss man sich ohnehin keine Gedanken über einen weiteren Trend machen, denn - wie wir ja bereits wissen - ist ein Entlanglaufen der Kerzen an den Bändern die Grundvoraussetzung für eine Bewegung. Wird das Band nicht erreicht, kann es auch zu keiner ernsthaften Bewegung kommen.

Es ist sehr wichtig, dass man hierbei das Auge schult. Am besten sie sehen sich hierzu einige Charts auf Ihrer Handelsplattform an und beobachten genau das Verhalten der Bollinger Bands während Ausbrüchen und Fehlausbrüchen. Mit der Zeit entwickelt man ein Auge dafür, wie es aussehen muss und wie nicht. Hat man hier ausreichend Erfahrung gesammelt, genügt oft nur ein kurzer Blick auf die Bänder und man weiß sofort, wie man sich verhalten muss.

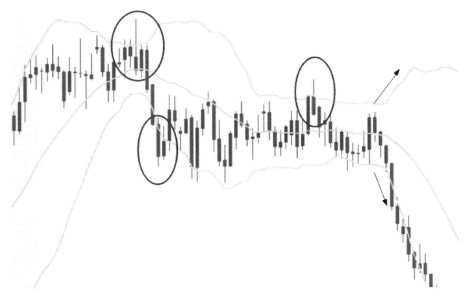

b.) Überhitzung

Gerade in Phasen hoher Volatilität kann es vorkommen, dass sich der Preis zu schnell in eine Richtung bewegt. Dies ist eine häufige Falle in die unerfahrene Trader tappen. Der Kurs steigt zum Beispiel rasant an und wenn man dann mitmachen möchte und long geht, dreht er plötzlich um, stoppt den Trade aus um vielleicht später dann doch noch einmal in die richtige Richtung zu laufen.
Grund dafür ist, dass sich in solchen Fällen der Kurs einfach überhitzt hat und über das Ziel hinausgeschossen ist. Eine kleine Korrektur oder Erholung ist dann vonnöten.

Hier ist ein Beispiel, welches sich gerade jetzt in diesem Moment ereignet, während ich diese Zeilen tippe:

Es handelt sich dabei um den M30-Chart im GBP/CAD. Das britische Pfund stieg nach der Meldung über eine mögliche Firmenübernahme in Milliardenhöhe. Der Kurs schoss nach oben und das während eines Montags an dem der Markt ohnehin ruhiger ist und überhitzte sich dabei ein wenig. Wie wir im Bild sehen können, gab es zuerst einen Close der letzten grünen Kerze außerhalb der Bänder, danach folgte noch eine Außen-Kerze mit einem neuen Hoch, die schlussendlich zu einer Umkehrkerze wurde. Danach kam der Kurs wieder etwas zurück. Anhand der Tatsache, dass die Kerzen bereits außerhalb der Bänder waren, hätte man hier einen - zumindest leichten - Rückgang vorhersagen, und einen Longeinstieg ganz oben vermeiden können.

Beim Handel von Trends ist es eben nicht nur wichtig, den Trend zu erkennen, sondern auch zu wissen, wann es besser ist ihm nicht (mehr) zu trauen. Hierbei kann uns diese Technik gut helfen.

Kerzen-Schlusskurs
außerhalb der Bänder

Während der Kurs in diesem Beispiel steil ansteigt, bekam wohl jeder Trader die Lust hier auch einzusteigen. Wer es früh genug gemacht hat, konnte auch rasch Gewinne verzeichnen. Wer diesen Trend aber zu spät bemerkte oder aus einem anderen Grund nicht hinein kam, ärgert sich naturgemäß und sucht dann oben noch einmal nach einem Einstieg. Ich bin mir sicher, dass es Ihnen auch schon einmal so ergangen ist. Zuerst der Frust darüber, dass man nicht drin ist und sobald man dann doch einsteigt, dreht der Preis um. Ein Blick auf die Bollinger Bands kann uns hierbei helfen, um abzuschätzen ob es jetzt sofort noch ein wenig weiter gehen könnte, oder ob eine Korrektur droht. Bereits bei dem ersten Candleclose außerhalb der Bänder hätten die Alarmglocken schrillen müssen. Dass danach noch einmal ein neues Hoch generiert wurde, war für einige vielleicht der Grund, warum sie dann ein weiteres Mal long eingestiegen sind, doch in diesem Fall hätte man direkt am Hoch gekauft.

Zwar ist ein Kaufen bei Bruch des bisherigen Hochs keine schlechte Idee, findet diese Bewegung aber komplett außerhalb der Bollinger Bands statt, dann ist es oft besser darauf zu verzichten. Auch ein Ausstieg aus bereits bestehenden profitablen Trades wäre zu diesem Zeitpunkt ratsam gewesen. Ein Traden in die andere Richtung sollte man in diesem Fall aber nicht in Erwägung ziehen, da es doch ein wenig wie der Griff ins fallende Messer wäre.

Auch hier im GBP/JPY darf man sich nicht wundern, wenn der Kurs zunächst nicht mehr weiter steigt:

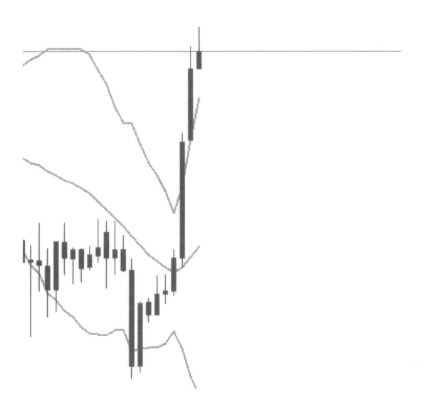

Nach einer Überhitzung tritt also meistens eine Korrektur oder Erholung ein. Das muss natürlich nicht automatisch eine Umkehr bedeuten, sondern oft auch nur ein Retracement und eine Möglichkeit, um sich dann auch tatsächlich zu einem guten Preis in den Trade einkaufen zu können. Diesen sehen wir uns gleich an. Zuvor jedoch, noch ein anderer Punkt.

c.) Kopf anstoßen

Ein weiteres mögliches Szenario für eine mögliche Umkehr liegt vor, wenn der Kurs ansteigt, sich das Bollinger Band jedoch nicht öffnet, sondern steil in die entgegengesetzte Richtung der Kerze zeigt. Es sieht fast so aus, als würde sich die Kerze den Kopf anstoßen und das tut beim Zusehen fast weh.

Diese Formation gibt es sehr oft, wenn der Preis noch einmal einen neuen Anstieg versucht, jedoch kein neues Hoch mehr erreichen kann. Ein mögliches tieferes Hoch wird oft durch dieses Kopfstoßen angezeigt. Natürlich gibt es das Gleiche auch umgedreht, bei Shortbewegungen.

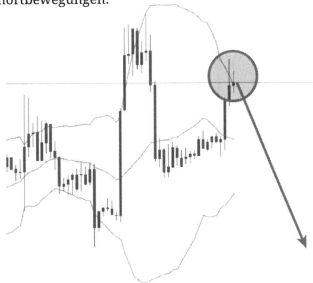

d.) Entscheidungszonen zwischen Fortsetzung und Scheitern des Trends

Nachdem ein Trend überhitzte, können wir noch nicht sagen, ob es sich bei der Gegenbewegung nur um eine Korrektur handelt und der Trend bald wieder weiter läuft, oder ob die Bewegung drehen wird und eine Umkehr auf uns zukommt. Auch wenn wir das „ob" zu diesem Zeitpunkt noch nicht wissen, können wir zumindest das „wo" definieren, und zwar am Bollinger Band.

Mit anderen Worten: Ist ein Trend – egal in welchen Timeframe – sehr stark, dann laufen die Kurse aus den Bollinger Bands hinaus und dies leitet die Korrektur oder Erholung ein. Ob es bei einer Korrektur/Erholung bleibt, oder dann doch zu einer Umkehr wird, entscheidet sich beim erneuten Test des Bollinger Bands.

Im Falle einer Trendfortführung kommt der Kurs häufig zum Bollinger Band zurück und prallt davon dann wieder in die Trendrichtung ab. In diesem Fall ist ein Einstieg – zum Beispiel mittels Pending Order – am Band von Vorteil.
Wenn Sie also wieder einmal das Gefühl haben, dass Ihnen der Kurs davon läuft und Sie einfach keinen Einstieg finden, dann können Sie versuchen diese Technik zu benutzen:

Zunächst sollte man den richtigen Timeframe wählen. Wie auch bei dem „Triple EMA"-Ansatz, sollte man auch bei den Bollinger Bands einen Timeframe suchen, der zur Schnelligkeit der Bewegung passt. Während einer starken News-Bewegung nutzt man natürlich die Timeframes M5, M15 und H1. M1 nutze ich in sochen Situationen selbst bei News nicht, da dieser viel zu schnell ist, besonders der M15 funktioniert sehr oft ganz gut.

Man kann aber auch längerfristige Bewegungen auf diese Weise traden. Steigt der Kurs an einem Tag sehr stark an und es gibt am Ende des Tages eine lange grüne Kerze und diese schließt außerhalb der Bollinger Bands, dann befindet sich oft der ideale Einstieg am nächsten Tag auf der Rückseite des D1-Upper-Bollinger Bands.

Besonder schön ist es, wenn sich dieses Band dann noch zusätzlich mit anderen Studien (visuelle Unterstützung/Widerstand, EMA, Pivot Points, Fibo...) deckt.

Hier sehen wir ein Beispiel. Der Kurs schoss recht stark und schnell nach oben und verließ dabei die Bollinger-Range. Danach setzte eine Korrektur ein und dabei blieben die Bänder geöffnet. Anschließend folgte das nächste Hoch. Ein Einstieg am Upper Band wäre hier der punktgenaue und ideale Preis für den nächsten Long gewesen.

Retest des Upper Bands während Bänder offen bleiben

Kerze schließt außerhalb des Upper Bands

Hier ein weiteres Beispiel vom fallenden Goldpreis im M5 nach der Veröffentlichung von Wirtschaftsdaten. Zunächst brach der Kurs ordentlich nach unten und kam dann wieder zum Bollinger Band zurück. Hier ist die Entscheidungszone ob er jetzt noch einmal fällt oder dann doch wieder ansteigt. Wir können nicht sagen was passiert, aber wir wissen, dass es hier passiert. Alleine die Tatsache, dass wir durch diese Vorgehensweise daran gehindert wurden, womöglich ganz unten einen Short zu machen, hilft bereits sehr. Wenn Sie also die Kurse weit außerhalb der Bänder sehen, verzichten Sie lieber auf den Einstieg. Wenn Sie schon ein Risiko für einen neuen Trade eingehen, dann lieber zu einem besseren Preis. In diesem Fall wüssten wir auch ganz genau wo wir (eng) stoppen könnten, und zwar knapp über dem Lower Band.

Sehen wir uns jetzt an, wie dieser Chart wenige Kerzen später ausgesehen hat. Der Preis prallte tatsächlich ein wenig von der Entscheidungszone (Kreis) ab und im Falle eines Short-Einstiegs wären wir zumindest kurz im Plus gewesen. Dies hätte für das Nachziehen des Stop-Losses vielleicht schon gereicht und ein Scalper hätte ohnehin nicht mehr Gewinn benötigt als das. Am Ende zog der Kurs aber wieder nach oben und trat in die Bollinger-Range ein. Sofort kam es zu weiteren Anstiegen.

In solchen Fällen kann man dies sogar als Signal für einen Trade in die andere Richtung (hier: long) benutzen.

Ich persönlich trade hier sehr gerne in die andere Richtung, wenn ich zuvor noch den Abpraller handeln wollte, dieser aber aufgrund der Umkehr Verlust generierte. Dann nutze ich die Gunst der Stunde und hole mir meinen Verlust mit einem Trade in die andere Richtung wieder zurück. Einen solchen Trade stoppe ich dann auch recht knapp. Meistens nehme ich dazu einfach das Tief (bei long) oder das Hoch (bei short) der aktuellen oder vorherigen Kerze.

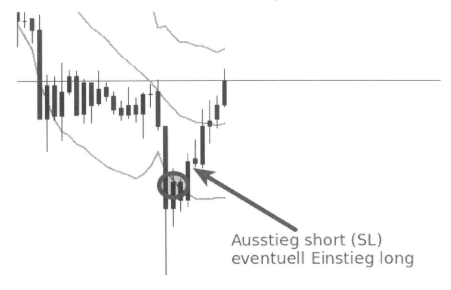

Ausstieg short (SL)
eventuell Einstieg long

Der Kurs muss aber nicht immer außerhalb der Bänder schließen und dann zurücklaufen. Es kann auch passieren, dass sich Preis und Band in der Mitte treffen. Das passiert, wenn der Kurs zunächst außerhalb der Bollingers läuft, aber kurz vor dem Schließen der Kerze bereits zu einer Gegenbewegung ansetzt. In diesem Fall öffnet dann die neue Kerze direkt am Bollinger Band.

Die erste Kerze kommt aus den Bändern heraus, danach stieg der Kurs wieder etwas an (Docht) - die nächste Kerze eröffnete genau auf dem Lower Band und dann fiel der Kurs weiter nach unten

Natürlich hätte der Preis am Bollinger Band auch drehen können, aber dadurch, dass wir einen guten Einstieg bekommen haben, sind wir mit unserer Position rasch im Plus und können auch genauso schnell unseren Stop-Loss nachziehen. Wie ich vorhin erwähnte wissen wir nicht immer genau was passiert, aber wo es passiert. Sehr oft prallt ein Kurs kurzfristig vom Bollinger Band ab und dreht dann doch um. Ein Beispiel dazu sehen wir im nächsten Beispiel (e.).

Im Falle eines Einstiegs in die Trendrichtung haben wir – wegen des oft punktgenauen Einstiegs – trotzdem die Möglichkeit, Gewinne mitzunehmen oder nicht (viel) zu verlieren.

e.) Umkehr bei Wiedereintritt in die Bollinger Range

Wie eine mögliche Umkehr aussieht, sehen wir im nächsten Chart. Der Kurs stieg rasch nach oben und verließ dabei ebenfalls die Range der Bollinger Bands. Kurz danach kam es zu einem Retest des Upper Bands und hier wäre ein möglicher Longeinstieg gewesen. Dieser hätte auch punktgenau funktioniert und der Trade wäre kurz ein paar Pips im Plus gewesen. Als sich der Kurs dann aber trotzdem für die Gegenseite entschied, bekamen wir hier recht rasch ein Signal sobald wir beobachten konnten, dass die ersten Kerzen innerhalb der Bollinger Bands schlossen. Danach war damit zu rechnen, dass es wieder zu einer stärkeren Gegenbewegung und somit zu einer Umkehr kommen könnte.

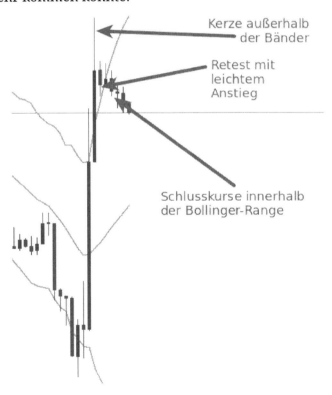

Kerze außerhalb der Bänder

Retest mit leichtem Anstieg

Schlusskurse innerhalb der Bollinger-Range

f.) Stop-Setzung

Zum Abschluss dieses Kapitel möchten wir uns noch über die Setzung der Stop-Loss-Orders unterhalten. Diese Technik – die wir auf den letzten Seiten besprochen hatten – eignet sich sehr gut um schnellen Trends zu folgen und zu vermeiden, dass man zu teuer in den Longtrade und zu billig in den Shorttrade einsteigt. Dies ist aber nicht der einzige Vorteil, sondern wir können aufgrund der Wiedereintrittsthematik auch recht schnell sagen, wann der Trend zu Ende ist und somit auch sehr knapp stoppen.

Wenn ich so einen Einsteig nach einem Retest des Bollinger Bands trade, dann setze ich den Stop-Loss immer ein wenig (meist 10-15 Pips) innerhalb der Bollinger Range, das genügt meistens. Wenn Sie den Stop für Ihre Strategie weiter weg haben müssen, dann können Sie auch nach der ersten oder zweiten Kerzenschließung innerhalb der Range manuell und vorzeitig aussteigen, sollte die Stop-Loss-Order zu diesem Zeitpunkt noch nicht erreicht worden sein.

Das alles funktioniert natürlich nicht nur mit einem „Verlust-Stop-Loss" bei einem frischen Einstieg, sondern kann auch beim Nachziehen im Profit behilflich sein. Wenn ein Trend länger läuft und Sie möchten den Stop möglichst eng im Profit nachziehen, dann empfiehlt es sich, es ebenfalls auf diese Weise zu machen. Suchen Sie hierzu den passenden Timeframe, der den Trend am besten widerspiegelt – also jenen, bei dem die Kerzen schön entlang der Bänder laufen – und ziehen Sie dann den Stop-Loss von Kerze zu Kerze knapp innerhalb der Bollinger Range nach.

Hierzu sehen wir uns jetzt noch ein Beispiel an. Dabei handelt es sich um einen wunderschönen und auch sehr starken Aufwärtstrend. Nach dem ersten großen Schub – inklusive Ausbruch aus den Bändern – gab es schnell den ersten Einstieg. Danach lief der Kurs rasant nach oben und hätte uns hier sogar noch weitere Einsteigsmöglichkeiten geboten.

Wir hätten hier unseren Stop nach jeder neuen Kerze weiter in den Profit ziehen können, und das immer knapp innerhalb der Bollinger Bands.

Ganz oben ist der Trend dann zu Ende, der Kurs tritt wieder in die Bänder ein und fällt mit hohem Profit in den Stop-Loss.

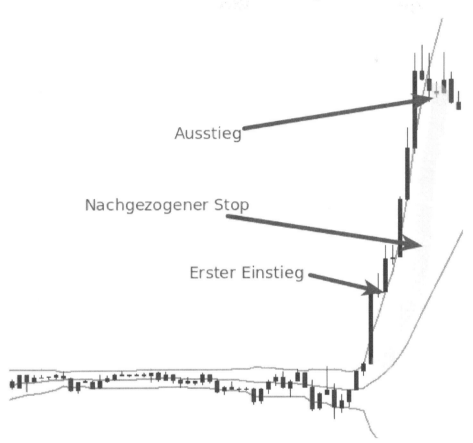

TECHNISCHE & MENTALE STRATEGIEN
FÜR ERFOLGREICHES TRADING

KAPITEL 4
"Der Weg zum Trader"

4.) Der Weg zum Trader

Wenn jemand Trader werden möchte, dann gibt es oft unterschiedliche Gründe, warum dieser Weg eingeschlagen wird. Genau dieser Weg ist jedoch sehr schwierig und dauert seine Zeit. Um dies zu meistern, sollte man sich Gedanken darüber machen, wie dieser zustande kommt und abläuft. In diesem Kapitel möchten wir dies näher beleuchten. Wir werden uns ansehen, aus welchem Grund aus „normalen Menschen" Trader werden und welche Lebenssituationen zu welcher Art des Handelns am besten passen.

Es soll Ihnen dabei helfen, Ihre eigene Motivation besser zu verstehen, um letztendlich den richtigen Weg für sich zu finden. Beginnen wir deshalb ganz am Anfang.

I. Beweggründe

Rechts auf dieser Doppelseite sehen wir eine Grafik. Darauf werden die Beweggründe eines angehenden Traders dargestellt.

Es ist wichtig, sich diese bewusst zu machen, denn erfolgreiches Trading ist nicht nur das Verstehen von Charts und Pressekonferenzen der Zentralbanken, sondern auch eine große Reise in sich selbst. Wie bereits in Kapitel 2 besprochen, müssen wir an gewissen Stellen unsere Grundprogrammierung umschiffen und das erfordert sehr viel Arbeit an einem selbst. Sie müssen dafür sorgen, dass Sie sich und Ihre Beweggründe kennen, denn nur so können Sie an sich arbeiten.

Am Anfang ist jeder ein "normaler Mensch". Manch einer interessiert sich für das Trading und manch einer nicht. Diejenigen die sich dafür interessieren, machen das aus verschiedenen Gründen. Wir werden

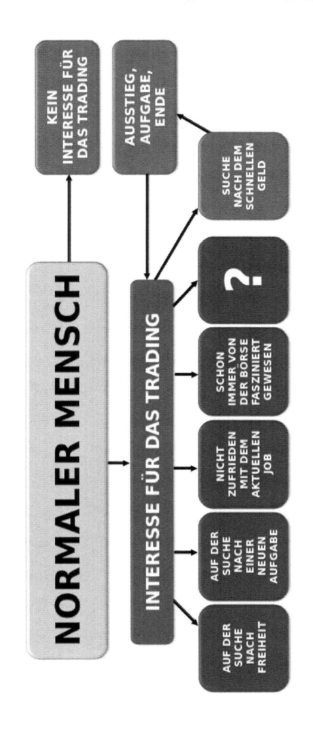

123

jetzt einige Beispiele besprechen. Versuchen Sie herauszufinden, ob Sie sich in einem dieser Beweggründe wiederfinden. Es kann aber auch sein, dass Ihre Motivation Trader zu werden aus mehreren dieser Gründe besteht.

a.) Auf der Suche nach Freiheit

Wie man Freiheit definiert ist Ansichtssache. Für Viele ist es die finanzielle Freiheit, doch auch allein die Möglichkeit, keinen Chef mehr zu haben, sich die Zeit frei einteilen zu können oder nicht mehr körperlich arbeiten zu müssen, bedeutet für viele Menschen bereits ein freies Leben. Dazu kommt noch die Tatsache, dass man als Trader ortsungebunden ist. Ich kann also von überall aus traden, ob es nun Österreich, Italien oder die Karibik ist. Kaum ein anderer Beruf gibt einen solche Möglichkeiten. Wenn ich meinen eigenen Friseurladen eröffne, habe ich auch keinen Chef mehr und bin gewissermaßen frei. Doch ich bin örtlich gebunden und muss mich auch an gewisse branchenübliche Geschäftszeiten halten, damit meine Kunden auch die Möglichkeit haben, bei mir Geld auszugeben. Wenn ich als Friseur oder anderer selbstständiger Unternehmer in den Urlaub fahren möchte, dann muss ich damit rechen, dass meine Kunden in der Zwischenzeit woanders hingehen. Beim Trading ist das definitiv anders. Natürlich muss ich auch hier arbeiten und sollte zu gewissen Handelszeiten am Rechner sitzen. Wenn ich es aber einmal auslasse oder mehrere Wochen nicht da bin, werden mir die Charts nicht davonlaufen. Ich kann jederzeit wieder zurückkommen und weitermachen. In einer Metapher gesprochen: Die Kerzen werden sich auch nach meinem Urlaub noch die Haare von mir schneiden lassen. Genau das ist die Motivation für viele potentielle Trader mit dem Handeln zu beginnen. Man hat einen Chef der nervt, möchte kommen und gehen wann man will und auch nicht jedes Mal wie ein Leibeigener betteln müssen, dass man mal fünf Minuten früher nach Hause gehen darf, weil die Kinder krank sind.

Ein höheres Maß an Lebensqualität und Selbstbestimmung wird erwartet. Tatsächlich ist das mit dem Trading auch möglich, doch vor allem im Bereich der Lebensqualität muss man bedenken, dass auch der Handeln an den Finanzmärkten einen großen Einfluss auf diese ausüben kann.

Trading bedeutet Stress, Frust und Druck, der sich regelmäßig mit Euphorie, Freude und guter Laune abwechselt. Es ist wie eine Achterbahn. Ein schlechtes Tradingergebnis kann einem auch den Tag vermiesen und das wirkt sich nicht gerade positiv auf die Lebensqualität aus, aber man gewöhnt sich mit der Zeit ganz von selber daran.

Wenn die Freiheitssuche der Grund ist, warum Sie mit dem Traden begonnen haben, dann sollten Sie sich unbedingt eine Aufstellung machen, was Ihnen in Ihrem bisherigen Leben die Freiheit raubte. Versuchen Sie danach festzustellen, welche dieser Punkte durch das Trading auch wirklich eliminiert werden und stellen Sie auch Ihre persönlichen Erwartungen an des Traderleben fest, im positiven und im negativen Sinne und überprüfen Sie laufend, ob sich daran was geändert hat.

Wenn beispielsweise Ihr größter Freiheitsdieb bisher ein lästiger Kunde war, dann müssen Sie bedenken, dass es auch lästige Verlusttrades gibt. Es werden also nicht nur Vorteile bei dieser Änderung Ihres Berufslebens auf Sie zukommen, sondern auch Nachteile. Es ist aber sicherzustellen, dass die Vorteile überwiegen.

b.) Auf der Suche nach einer neuen Aufgabe

Das ist ein Grund, der oft gar nicht finanziell oder zeitlich begründet ist. Während die Suche nach Freiheit meistens das Verlangen nach mehr Geld und Freizeit als Hintergrund hat, geht es hier um etwas ganz anders. Die Trader mit diesem Beweggrund haben oft genug Geld oder sind zumindest zufrieden. Auch der aktuelle Job passt. Es geht viel mehr darum, dass einfach nach einer neuen Herausforderung und einer neuen Richtung für das Leben gesucht wird. Es sind auch häufig Rentner, die nach Beendigung ihrer beruflichen Laufbahn einfach nicht nur herum sitzen wollen, sondern noch ein großes Abenteuer erleben möchten.

Vor Kurzem sah ich im Fernsehen eine Dokumentation über Dauercamper und da war ein 70-jähriger Rentner aus Deutschland, der alleine (die Frau wartet seit 8 Jahren zuhause auf ihn) mit dem Wohnmobil durch ganz Europa fährt – Winter und Sommer. Er kommt höchsten ein paar Tage im Jahr zu Besuch nach Hause, die restliche Zeit wohnt er in seinem knapp 100.000 Euro teuren Gefährt. Am Ende dieser Doku wurde gezeigt, welchem Hobby dieser Herr vom Wohnmobil aus nachgeht: Er tradet mit seinem Laptop und Daten-Stick.

Diese Geschichte lässt sich natürlich auch zusätzlich in die Kategorie Freiheit (a.) einordnen, aber es hat auch etwas vom Suchen einer neuen Aufgabe eines älteren Herren.

Auch viele Menschen, die mitten im Berufsleben stehen, suchen nach neuen Richtungen im Leben. Wenn man 20 Jahre denselben Job macht und darin vielleicht sogar der Beste ist, dann kann einem das ganz schön langweilig werden. Während viele einfach nur die restlichen Jahrzehnte weiter machen, gibt es da auch Einige, die sagen: „Jetzt ist Schluss, ich brauch' was Neues!"

Diese Kategorie sind oft Trader, die es gar nicht notwendig haben, mit dem Traden Geld zu verdienen. Deshalb kommen gerade auch aus dieser Gruppe die meisten Hobbytrader, die es einfach nur nebenbei machen, weil es Spaß macht und Aufregung bringt. Wenn das Ihr Grund war mit dem Trading zu beginnen, dann können Sie ganz entspannt sein. Genießen Sie die Herausforderung und machen Sie einfach weiter.

Sollten Sie jedoch in dieser neuen Aufgabe auch einen neuen Job suchen den Sie auch finanziell benötigen, dann sei Ihnen geraten hier keine Schnellschüsse zu machen. Man wird nicht innerhalb von zwei

Wochen der perfekte Trader. Das dauert zwei bis vier Jahre und in der Zwischenzeit müssen Sie auch von etwas leben. Es ist nicht einfach, neben einem Dayjob noch das Trading zu erlernen, doch anders geht es leider nicht. Wichtig ist, dass der Job immer noch Vorrang hat und Sie das Trading wirklich nur nebenbei betreiben. Zum Lernen können Sie die Abende, die freien Tage und die Arbeitspausen nutzen.

Als ich mit dem Trading begann, habe ich es auch lange Zeit neben dem alten Beruf gemacht. Da ich bereits selbstständig war, konnte ich es natürlich auch problemlos tagsüber machen, doch wenn ich jetzt daran zurück denke würde ich es nicht nochmal so tun wie damals. Denn ich vernachlässigte deshalb hin und wieder Kunden, meine Lieferzeiten wurden länger und mit der Steuererklärung hinkte ich auch immer einige Wochen hinterher. Bei mir ging alles gut, ich konnte als Trader auslernen und hatte glücklicherweise keinen größeren wirtschaftlichen Schaden in meinem alten Leben angerichtet. Doch es hätte auch schief gehen können. Es ist besser, wenn man sicherstellt, dass die ursprünglichen Tätigkeiten ohne Beeinträchtigung weiterlaufen können und das Traden nur die zweite Rolle spielt. Man braucht dann vielleicht einige Monate länger bis man profitabel ist, aber es ist besser so.

c.) Nicht zufrieden mit dem aktuellen Job

Viele haben einen Job mit dem sie nicht zufrieden sind. Oft denkt man daran, sich irgendwie selbstständig zu machen. Manche wissen ganz genau was sie dann tun wollen, viele haben aber keine Ahnung in welche Branche sie gehen sollen. Die Finanzwelt eröffnet dann plötzlich diese Möglichkeit.

Wenn ich mir montags meinen Facebook-Feed ansehe, gibt es ausnahmslos immer diese typischen "Schon-wieder-Montag-Postings" und auch kein Freitag vergeht, an dem nicht jemand „Endlich Wochenende" ruft. Hier sind anscheinend einige User unzufrieden mit ihrem Beruf. Wenn es Ihnen auch so geht, dann ist das ein deutliches Anzeichen dafür, dass etwas nicht stimmt. Niemand sollte einer Tätigkeit nachgehen, die er eigentlich gar nicht mag. Ich persönlich sehe das ganz anders. Am Montag freue ich mich, dass endlich wieder eine neue Woche beginnt und bereits am Sonntag freue ich mich schon den ganzen Tag, denn ab Montag kann ich wieder an meinen persönlichen Zielen weiterarbeiten. Am Freitag freue ich mich trotzdem auf das Wochenende, denn ein bisschen Ruhe schadet nicht, aber ich bin immer auch ein wenig traurig darüber, dass ich eine Zwangspause einlegen muss. Feiertage unter der Woche sind der blanke Horror und so freue ich mich - im Gegensatz zu den meisten Anderen - wenn ein Feiertag auf einen Sonntag fällt.

Sollte auch Ihre Motivation mit dem Trading zu beginnen, aus der Unzufriedenheit mit dem Job kommen, müssen Sie aufpassen, denn das ist oft emotional bedingt und kann zu Kurzschlusshandlungen führen. Sehr oft werden dann zu früh Livekonten eröffnet oder die bisherige Tätigkeit zu stark vernachlässigt, da man seinen Job ja eigentlich hasst. Wenn man Pech hat, steht man am Ende alleine da: ohne Job und traden kann man auch noch nicht.

Nehmen Sie es in diesem Fall als Herausforderung. Beißen Sie in Ihrem alten Job durch, auch wenn es schwer fällt und schöpfen Sie daraus die Motivation, fleißig zu lernen und Sie werden sehen: Ihr bisheriger Job wird dann gar nicht mal mehr so unangenehm sein, da Ihr Leben (und somit auch die Arbeitswoche) plötzlich wieder einen Sinn ergibt, denn Sie wissen, dass Sie nebenbei den Tradingberuf vorbereiten und ein Ausweg in Arbeit ist. Das Schlimmste ist niemals die eigentliche Sache an sich, sondern wenn man es einfach so lässt und nichts dagegen unternimmt. Die meisten erfolgreichen Menschen haben vorher etwas anderes, viel schlechteres gemacht, haben aber stets nach vorne geblickt und an sich gearbeitet.

d.) Schon immer von der Börse fasziniert gewesen

Ich glaube, das trifft fast auf jeden zu, der mit dem Trading beginnt, denn dass man überhaupt erst zu dieser Möglichkeit findet, muss ja von irgendwo herkommen. Natürlich werden auch viele einfach darüber gestolpert sein, aber ich habe von viele Tradern mit denen ich mich auf Seminaren oder Coachings unterhalten habe gehört, dass oft bereits in der Kindheit die Faszination für die Börse da war.

Ich kann mich erinnern, dass es auch bei mir so war. Als ich geschätzte fünf Jahre alt war, fragte ich mich, warum unterschiedliche Währungen unterschiedlich kosten und warum sich diese Preise auch verändern. Das war, als mir mein Vater erzählte, dass die italienische Lira jetzt auf einmal so günstig sei und wir deshalb billiger in den Urlaub fahren können. Meine Mutter erzählte mir dann, dass es nun mal so ist, dass sich Währungen bewegen und dass es sogar Leute gibt, die fremde Währungen günstiger einkaufen, um sie dann später wieder teurer zu verkaufen. Ich dachte mir damals schon, dass dies doch viel besser sei, als normal arbeiten zu gehen. Auch später interessierte ich mich immer für Aktienkurse, auch wenn ich davon keine Ahnung hatte und eine gewisse Distanz verspürte, da ich dachte, dass nur gewisse Menschen das Privileg haben, damit arbeiten zu dürfen. Wie wir wissen wurde ich später eines Besseren belehrt.

Fast jeder Trader hat eine solche Geschichte und das ist wahrscheinlich auch der Grund warum wir irgendwann im Laufe unseres Lebens zu diesem Geschäft Zugang finden.

e.) Die Suche nach dem schnellen Geld

Das ist eine der ehrlichsten Gründe, aber auch derjenige der am wenigsten bringt. Es gibt genug Leute die von Webseite zu Webseite surfen, um den neuesten Trick um schnell reich zu werden, herauszufinden. Manchmal ist es ein Onlinecasino, dann wieder ein Schneeballsystem und nebenbei wird auch noch Lotto gespielt. Wenn so etwas wie das Trading auf diese Menschen zukommt, dann denken sie auch sofort, dass es sich dabei um eine weitere Möglichkeit handelt, endlich das große Geld zu machen und da Casino und Lotto bisher ja doch nicht funktionierten, ist es vielleicht das. Es dauert meist nicht lange, dann werden diese Erwartungen natürlich enttäuscht und es erfolgt wieder der Ausstieg aus dem Tradinggeschehen. Viele dieser Kandidaten kommen auch nicht wieder zurück und suchen lieber weiter nach der nächsten „Get-Rich-Quick"-Lüge. Aber einige denken dann nochmal genauer nach und bemerken, dass es vielleicht doch klappen könnte. Nicht um schnell reich zu werden, aber zumindest um sich langfristig etwas aufzubauen. Für diese Leute beginnt der Kreislauf noch einmal von vorne. Sie können das auch ganz gut auf der Grafik von Seite 123 erkennen, achten Sie einfach auf die Pfeile.

Als ich mit dem Handel begann, war es nicht, weil ich schnell reich werden wollte, doch ich kannte bereits aus der Vergangenheit viele dieser typischen leeren Versprechungen, wo einem gesagt wird, dass man ohne Arbeit tausende Euro pro Stunde verdienen kann. Ich stand dem allen dann auch etwas kritischer gegenüber, doch der entscheidende Moment an dem ich realisierte, dass es sich beim Trading nicht um solch eine Spielerei handelt war, als ich bemerkte, dass es ja doch nicht so leicht ist. Dann war mir sofort klar: „Wenn es so schwer ist, hier dauerhaft Gewinne zu machen, dann muss da ja was dran sein. Denn wenn es zu einfach ist, würde es ja jeder tun." Für die meisten ist dieser Faktor aber der Grund aufzugeben. Sobald es zu schwer erscheint, wird die nächste Möglichkeit auf leicht zu verdienendes Geld gesucht. Ich kann Ihnen die erfreuliche Mitteilung verkünden, dass Sie bereits über dieses Stadium hinweg sind, denn ansonsten würden Sie wohl kaum dieses Buch hier lesen.

Bewusst habe ich in die Grafik noch ein Fragezeichen eingefügt, denn ich bin mir sicher, es gibt noch viele andere Gründe warum ein „normaler Mensch" ein Trader werden möchte. Versuchen Sie jetzt Ihr persönliches Profil zu erstellen.

Stellen Sie sich dazu folgende Fragen:

- *Warum wollte ich Trader werden?*

- *Gab es bereits in der Vergangenheit eine Verbindung dazu?*

- *Freue ich mich auf Montag oder nicht?*

- *Reicht mir das, was ich bisher in meinem Leben erreicht habe?*

- *Möchte ich irgendwann auswandern und suche deshalb die Ortsunabhängigkeit?*

- *Suche ich eine neue Aufgabe?*

Beantworten Sie sich selbst diese Fragen, um sich besser kennen zu lernen, denn um einen Menschen in einen Trader zu transformieren, muss man das Objekt gut kennen an dem man arbeitet.

II. Lebenssituationen

Wenn man den Entstehungsprozess als Trader abgeschlossen hat, wie wir es in I. besprochen haben, dann ist man „jemand der Trader werden möchte". Doch um diese Aufgabe zu meistern, gibt es noch einen Weg zurückzulegen. Die Art wie man sich als angehender Trader in den Markt einbringen kann und möchte, hängt auch immer von den bisherigen Lebensumständen ab.

Manche Leute haben mehr Zeit, mache weniger. Es gibt auch Unterschiede bei der Notwendigkeit, es als Trader zu schaffen oder beim Ausgangskapital. Sehen wir uns jetzt unterschiedliche Lebenssituationen an und beleuchten näher die Einzelheiten im Bezug auf das Trading, denn man sollte seinen Handelsstil auch entsprechend der Ressourcen anpassen.

a.) Full-Time-Job oder kaum Zeit:

Wer einen anstrengenden Alltag hat, der entweder durch viel Arbeit oder auch Familie geprägt ist, wird natürlich weniger Zeit zum Traden finden. Da man sein bisheriges Leben natürlich nicht vernachlässigen sollte, muss man den Handelsstil drumherum bauen. Hier bietet sich entweder extrem kurzfristiges Handeln (scalping) oder eine langfristige Strategie an. Der Vorteil am Scalping ist, dass mich der Gesamtmarkt weniger interessieren muss, sondern die aktuelle Bewegung das Wichtigste ist und auch keine Positionen über Nacht oder außerhalb der Trading-Sessions gehalten werden müssen. Wenn ich also einmal doch zwei Stunden Zeit finde um konzentriert zu traden, dann mache ich während dieser Zeit meine Deals und wenn ich wieder aufstehe, weil ich zurück zur Arbeit oder Familie muss, sind alle Positionen geschlossen. Hier kann man sich die Zeit natürlich sehr frei einteilen, trotzdem sollte man auf gewisse Zeiten achten. Es bringt wenig, wenn man sich zu Mittag um 12 Uhr oder in der Nacht zum Scalping vor den Computer setzt. Die Volatilität ist zu diesen Zeiten sehr gering, doch leider sind das gerade die Zeiten an denen Berufstätige Zeit haben. Mit der meisten Volatilität kann man während der Veröffentlichung von Wirtschaftsdaten rechen, sowie zwischen 9 Uhr und 11 Uhr am Vormittag und zwischen 14 und 18 Uhr am Nachmittag.

Die Alternative wäre langfristiges Traden. Handle ich mit H4-Kerzen oder Tageskerzen, dann gibt es nicht so oft eine Veränderung im Markt und ich kann es sehr schön nebenbei machen. Wir haben darüber auch bereits im Kapitel 1 (Triple-EMA) gesprochen. Trendfollowing im Tageschart wo es meine einzige Aufgabe ist, jeden Tag den Stop nachzuziehen ist hier wesentlich leichter in einen zeitraubenden Alltag zu integrieren. Um diese Trades zu finden muss natürlich auch noch eine gewisse Analysezeit mit eingerechnet werden, dabei ist man aber sehr flexibel und kann es auch bequem abends oder mittags machen. Natürlich können Sie langfristiges und kurzfristiges Handeln kombinieren. Die Trades im Tageschart bieten die Basis-Performance, während Sie zwischendurch scalpen, wenn Sie gerade die Gelegenheit dazu haben.

b.) Job aber genug Zeit:

Nicht jeder Berufstätige hat überhaupt keine Zeit zum Traden. Ich kenne viele Angestellte in höheren Positionen, die an Ihrem Arbeitsplatz noch zusätzlich den Trading-Laptop stehen haben und so nebenbei ihre Transaktionen absetzen. Aber es gibt auch viele Singles ohne Kinder, die um 16 Uhr nach Hause kommen und dann einfach die spätere US-Session handeln. Diese Lebenssituation ist eine gute Voraussetzung, da man hier noch einen „normalen Job" ausübt um die Brötchen zu verdienen und nebenbei die Tradingkarriere aufbauen kann. Es ist natürlich sehr wichtig, dass der Hauptberuf darunter nicht leidet.

Sollten Sie zu dieser Kategorie zählen, dann können Sie eigentlich jeden Handelsstil ausüben. Auch mittelfristige Trades sind kein Problem, da die Charts den ganzen Tag über im Auge behalten werden können.

c.) Noch im Job, aber nicht mehr zufrieden

Das ist definitiv eine Risikogruppe. Solange man mit dem Job, den man sonst macht, zufrieden ist, verspürt man keinen Druck und kann das Trading ganz locker nebenbei laufen lassen. Ich habe bereits einige Trader kennengelernt, die aber extrem unzufrieden mit ihrem derzeitigen Job sind und möglichst schnell einen Wechsel wünschen. Das führt sehr oft dazu, dass großer Stress entsteht und man es unbedingt sofort schaffen möchte. Dieser Druck führt aber meistens zum Gegenteil und in weiterer Folge zum Scheitern des gesamten Vorhabens. Sollten Sie sich hier dazu zählen, dann erfordert dies besonders viel Disziplin.

Vergessen Sie trotzdem nicht, womit Sie Ihre Miete bezahlen und arbeiten Sie im gehassten Job vorerst weiter, auch wenn es schwerfällt. Mit übertriebener Eile ist noch niemand ein erfolgreicher Trader geworden. Lassen Sie sich von der Tatsache trösten, dass Sie wenigstens an einer Alternative arbeiten und dass sich diese nicht von heute auf morgen realisieren lässt, sollte klar sein. Die meisten Menschen in unglücklichen Jobs machen überhaupt nichts um dort herauszukommen und finden sich damit einfach ab. Sie tun aber etwas und suchen mittelfristig nach einer Verbesserung und sind deshalb allen anderen weit voraus.

d.) Selbstständig

Unternehmer haben meist viel Arbeit, können sich diese aber meistens frei einteilen und somit auch am kurzfristigen Handel teilnehmen. Auch das Vorhandensein des unternehmerischen Denkens kann beim Trading nur ein Vorteil sein.

Aber auch hier gibt es Risiken. Wenn der Grund für den Einstieg in den Handel ein Mangel an Kunden in der bisherigen Branche ist, dann entsteht auch hier finanzieller Druck und dieser führt zu den Problemen, die wir bereits besprochen haben. Sehr oft kommt es auch vor, dass plötzlich Kunden vernachlässigt werden, da die Charts auf einmal wichtiger sind. Auch hier müssen Sie sich immer im Klaren bleiben, wer aktuell noch Ihre Rechnungen bezahlt. Insgesamt kann man jedoch sagen, dass es Selbständigen normalerweise nicht schwer fällt, den Handel an den Finanzmärkten in ihr Leben zu integrieren.

e.) Studenten

Studenten haben einen Vorteil: Sie sind das tägliche Lernen gewohnt und haben in der Regel auch viel Zeit – auch wenn es die meisten nicht zugeben wollen. Während die Zeit in ausreichender Menge vorhanden ist, gibt es dafür aber oft einen Mangel an Geld und ohne großem Kapital ist es auch schwer eine Existenz aufzubauen. Studenten sollten ihr Studium ganz bequem fertig machen und währenddessen ohne Stress das Trading erlernen. Wenn es dann nach einigen Jahren funktioniert, dann kann man sich langsam durch Sparen und Traden ein größeres Konto aufbauen, um nach Abschluss des Studiums die Tradingkarriere richtig zu starten.

f.) Arbeitslos mit oder ohne Kapital

Wer ohne Job ist hat natürlich meistens viel Zeit, leider aber auch wenig Geld und deshalb auch Druck und Eile. Auch hier gibt es wieder die Gefahr, dass man seine Ziele im Tradinggeschäft nicht nur erreichen möchte, sondern auch muss. Und das Müssen ist die große Gefahr. Oft wird das letzte Ersparte auf ein Tradingkonto eingezahlt und gehofft, dass man in zwei oder drei Monaten schon davon leben kann. Leider ist dann meist dieses Geld auch noch weg und dann sieht es düster aus. Sollten Sie in dieser Situation sein, nutzen Sie ruhig diese „Freizeit", um das Trading perfekt zu erlernen, man muss ja schließlich das Beste aus der Situation machen, aber machen Sie deswegen nicht vorzeitig ein Live-Konto auf. In der Zwischenzeit sollten Sie sich trotzdem nach einem neuen Job umsehen, damit Sie dann wieder in eine vorteilhaftere Kategorie wie a) oder b) rutschen und dort dementsprechend weitermachen können. Nutzen Sie als Arbeitsloser also erst einmal lediglich Ihren Reichtum an Zeit zum

Lernen, um den Sie sicher von vielen Anderen beneidet werden.

Es gibt auch einige die arbeitslos sind, aber durchaus über ein kleines Vermögen verfügen und deshalb keinen großen zeitlichen Druck haben. Das ist natürlich eine gute Voraussetzung. In diesem Fall sollten Sie sich einen Drei-Jahres-Plan machen und die Zeit bestmöglich nutzen. Dieser Plan kann zum Beispiel so aussehen, dass Sie erst einmal ein Jahr nur lernen, im zweiten Jahr das erste kleine Konto starten (dessen Verlust Sie auch verkraften können) und im dritten Jahr mit einem größeren Konto noch ein Jahr Generalprobe für die Zeit danach machen. Bis dahin sollten Sie sich diese Deadline in drei Jahren aber immer vor Augen halten und sollte es bis dahin nicht geklappt haben, mit dem Trading Fuß zu fassen, dann ist es besser, Sie suchen sich wieder einen Job und probieren es in Kategorie a) oder b) weiter.

g.) Aussteiger

Das ist ein häufiger Grund warum Leute zum Trading finden. Wir sprachen ja bereits über die Ortsunabhängigkeit und genau das ist natürlich für einen Auswanderer ein großer Vorteil. Wer das Heimatland verlassen möchte, aber noch nicht ausgesorgt hat und für sein Geld arbeiten muss, steht oft vor dem Problem, dass es zwar toll ist, wenn in der Karibik oder in Thailand alles billiger ist, doch wenn man dort arbeitet, ist natürlich auch der Lohn geringer. Der Handel an den Finanzmärkten bietet natürlich eine gute Alternative. Gerade wenn man bedenkt, dass es auf dieser Welt viele schöne Flecken gibt, an denen man mit 500-1000 Euro gut leben kann, dann ist es nicht uninteressant als Trader dort zu leben. Ob ich in Deutschland, Österreich oder in Südamerika handle, wird nichts an meinem Einkommen ändern, es ist aber ein großer Unterschied, ob ich nur 700 Euro im Monat benötige oder 3000 Euro. Der Druck zum Geld verdienen wird natürlich deutlich geringer sein.

Natürlich darf man hierbei aber auch nicht vergessen, dass ein Leben im Ausland auch eine persönliche Veränderung bedeutet und sich dadurch auch das Tradingverhalten ändern könnte. Aber ich glaube, dass wenn jemand wirklich aus dem Heimatland abhauen möchte, um unter den Palmen zu leben, dies am Anfang einen großen Schub an Motivation und Inspiration mit sich bringen wird und das könnte sich sogar positiv auf den Erfolg auswirken. Doch auch beim Auswandern sollte man immer einen Plan B (Rückkehr in die Heimat oder Jobannahme) haben, denn sonst ist der Druck auch hier kaum auszuhalten. Ich empfehle aber auch wirklich nur ausgelernten Tradern auszuwandern, denn es ist schon schlimm genug, wenn einem in Mitteleuropa das Geld ausgeht, stellen Sie sich mal vor das passiert Ihnen in Panama.

h.) Rentner und Vermögende

Auch wenn viele Rentner leider nicht vermögend sind, werfe ich diese beiden Kategorien doch zusammen, denn es gibt eine entscheidende Gemeinsamkeit: es muss für den Lebensunterhalt nicht mehr gearbeitet werden. Diese Menschen sind abgesichert, entweder durch eine monatliche Zahlung vom Staat oder durch ein schönes Vermögen. Der Grund zum Traden ist hier meistens nur, um noch einmal eine Herausforderung zu haben, denn sonst wäre das Leben ja langweilig. Gerade deshalb klappt es bei diesen Leute auch am ehesten, ein erfolgreicher Trader zu werden. Eigentlich ist es recht gemein: Die, die es am notwendigsten haben, schaffen es oft nicht und die, bei denen es egal wäre, ob es klappt oder nicht, klappt es. Daran erkennt man wie wichtig es ist, dass man seine persönliche Lebenssituation erkennt und auch analysiert.

Rentner und Vermögende haben natürlich einen Vorteil, wenn sie zusätzlich noch in die Kategorie g.) (Aussteiger) wollen. Vielen Rentnern ist es nicht bewusst, dass man seine Zahlungen auch im

Ausland erhält und während man sich hier mit der Mindestrente gerade noch das Notwendigste leisten kann, gibt es in anderen Erdteilen dafür Villa, Pool und Sorgenfreiheit. Es ist wohl die Heimatverbundenheit, die dennoch viele hier behält, doch man sollte definitv einmal darüber nachdenken. Wenn man dann noch das Trading nebenbei betreibt, hat man auch eine schöne Beschäftigung ohne den großen Nachteil, irgendetwas zu müssen, da für den Lebensunterhalt ohnehin schon gesorgt ist.

Auf dem Weg ein Trader zu werden, sollten Sie sich ganz genau bewusst machen wie Ihre Lebenssituation ist, denn Trading bedeutet nicht nur Charts und Wirtschaftszahlen. Sie müssen auch sicherstellen, dass sich alles in Ihren Alltag integrieren lässt.

KAPITEL 5

"Vintage DAX"

Der Handel ohne Charts

5.) Vintage Dax – Der Handel ohne Charts

Diese Strategie ist wohl eine der simpelsten, die man im Handel der Finanzmärkte nutzen kann. Man kommt dabei komplett ohne technische und fundamentale Analyse aus. Wirtschaftsdaten und Pressekonferenzen spielen absolut keine Rolle und man könnte sie sogar komplett ohne Chart handeln.

Was sich anfangs etwas unrealistisch anhört, ist aber die Wahrheit.

Ich muss an dieser Stelle aber etwas klarstellen: Es handelt sich dabei um keine fix-und-fertige Strategie mit der Sie gleich morgen auf die Eurojagd gehen können. Vielmehr sollte es sich dabei eher um ein Anschauungsbeispiel handeln, um die Kreativität bei der Strategieentwicklung anzuregen, zu zeigen wie vielfältig Strategien sein können und zu demonstrieren, was alles möglich ist. Bevor Sie mit diesem Handelsansatz in den Livemarkt gehen, sollte Sie es unbedingt auf Demokonten testen und an Ihre persönlichen Vorlieben anpassen. Wir werden später unter „Optimierung" nochmals darauf zurückkommen und besprechen, wie man hier Anpassungen vornehmen kann.

Ich habe für mich diese Strategie geschrieben, als ich gerade etwas nostalgisch war. Als meine Mutter einmal verreist war, habe ich auf ihr Haus aufgepasst. Im Keller fand ich eine Ausgabe der Illustrierten „Bunte" aus dem Jahre 1969 – Titel: „Unsere Helden vom Mond". Es hat richtig Spaß gemacht, diese alten Seiten durchzublättern, aus einer Zeit ganz ohne Computer, Handys und auch das darin abgedruckte Fernsehprogramm ließ sofort vermuten, dass dieses heutige Massenmedium damals noch etwas ganz Besonderes war. Ich musste weiter an diese Zeit denken, vor allem auch an die Trader von damals, als es eben noch keinen Computer etc. gab. Heutzutage bekommen wir alle ohne Verzögerung immer die aktuellsten Charts in allen möglichen Timeframes direkt auf unseren Schirm zu Hause – auch unterwegs am Smartphone ist das kein Problem. Die Trader damals hatten das alles nicht. Der Zugang zu Charts war früher vielen nur über Postabonnement auf Papier möglich. Technische Analyse gab es zwar damals schon, aber diese konnte noch nicht so ausgeführt werden wie wir es heute tun. Natürlich gab es damals schon Radios und Fernsehen womit sich die Händler am Laufenden halten konnten, aber so wie heute mit Internet und hunderten Programmen war es auch wieder nicht.

Aber es gab damals schon Trader und auch viele waren profitabel und erfolgreich. Viele der damaligen Strategien drehten sich nicht um Indikatoren oder Trendlinien. Hier wurde eher auf Unterstützung und Widerstand geachtet, aber auch auf die Höchst-, Tiefst-, Eröffnungs-, und Schlusskurse des Vortages. Ich dachte mir: „Was damals funktioniert hat, muss sich doch auch an unsere moderne Zeit anpassen lassen!" Vor allem diese Einfachheit, die vor Jahrzehnten mangels Hightech noch herrschte, könnte uns in unserer modernen Zeit vielleicht ja auch gut tun.

Also setzte ich mich hin und spielte mit einigen alten Strategien herum. Besonders im DAX-Future funktionierte es sehr gut. Ich nahm den klassischen Ansatz: Kaufen über Vortageshoch, verkaufen unter Vortagestief und entwickelte in Verbindung mit Fibonacci Pivot Points eine sehr einfache Strategie. Das Tolle daran ist, dass nichts an dieser Strategie mit Emotionen oder Entscheidungen zu tun hat – alles nur blanke Mathematik. Da die Orders ausschließlich mit Pending Orders gesetzt werden und auch der Ausstieg immer über Stop-Loss oder Take-Profit ausgeführt wird, eignet sich diese Strategie auch sehr gut für Berufstätige, aber auch als Zweitstrategie, da man dabei nicht von der anderen gehandelten Strategie beeinflusst wird – da es eben nur um Zahlen geht.

I. Die Chartsettings

Wie schon gesagt: Theoretisch würden wir sogar gar keine Charts benötigen. Wir müssten nur den Höchst- und Tiefstkurs des Vortages und die Pivot Points wissen. Dennoch glaube ich nicht, dass irgendjemand einen Trade eingehen möchte, ohne einen Chart zu sehen. Gerade aber beim Backtesting brauchen wir natürlich den Chart. Dazu nehmen Sie am besten einen Stundenchart (H1) und fügen die Periodentrennung ein. Im Meta Trader klicken Sie dafür mit der rechten Maustaste in den Chart – Eigenschaften – Allgemeines und machen ein Kreuz bei „Periodentrennung anzeigen"

Danach fügen Sie einen Indikator für „Fibonacci Pivot Points" ein. MT4 hat solch einen Indikator nicht mitgeliefert, deshalb suchen Sie danach einfach bei Google. Bereits die ersten Suchergebnisse werden mehrere kostenlose Downloadmöglichkeiten bieten. Ansonsten lassen wir den Chart nackt. Keine EMAs, keine Oszillatoren – lediglich die Kerzen. Wenn all dies geschafft wurde, müsste Ihr Chart in etwa so aussehen:

II. Tradeplan

1. Vorbereitung:
Vor jedem Handelstag (vor 8 Uhr) werden das Vortageshoch (VTH) und das Vortagestief (VTT) bestimmt. Dabei wird die Range von 8 – 22 Uhr MEZ aus dem DAX-Future genommen.

2. Absetzten der Orders:
Unmittelbar nach 8 Uhr werden zwei Pending Orders abgesetzt. Ein Buy-Stop einen Dax-Punkt über dem VTH und ein Sell-Stop einen Dax-Punkt unter das VTT.

3. Risikobegrenzung:
Die Stop-Loss-Order wird jeweils 35 Dax-Punkte unter oder über den Einstiegen gesetzt. Als Prozentrisiko kann ein beliebiger Prozentsatz bis 5% genommen werden, sollte dann natürlich bei jedem Trade gleich hoch sein. Da hier nur eine, maximal zwei und an manchen Tagen überhaupt keine Order ausgeführt wird, darf das Risiko ruhig etwas höher sein, aber trotzdem niemals mehr als 5%. Die statischen 35 Dax Punkte für den Stop-Loss sind ein Wert, der bei mir beim Testen und danach auch Traden der Strategie am besten funktioniert hat. Natürlich können Sie auch selber - sollten Sie der Meinung sein, es genügen auch weniger – diese Zahl anpassen, wie Sie möchten. Wichtig ist es, dass man bei jedem Trade dieselbe Zahl nimmt und deshalb brauchen wir hier auch einen Stop-Loss, der bei möglichst vielen Trades funktioniert.

Am Anfang empfehle ich auf jeden Fall diese 35 Punkte zu nehmen. Normalerweise sollte man ja keine fixen Stop-Loss-Werte einstellen, sondern die Risikobegrenzung immer nach Technischer Analyse setzten, da wir bei dieser Strategie aber keine Charttechnik benutzen, müssen wir auf einen statischen Stop-Loss-Wert zurückgreifen.

4. Manueller Eingriff:

Ein manueller Eingriff ist untersagt, außer eine der Orders ist kurz vor 22 Uhr noch geöffnet im Markt und wurde noch nicht von Take-Profit oder Stop-Loss beendet. In diesem Fall schließen wir die Position manuell, kurz bevor der Markt schließt, unabhängig davon, ob diese gerade im Plus oder im Minus ist.

5. Gewinnmitnahme/Take Profit:

Die Take-Profit-Order wird folgendermaßen bestimmt: Es wird vom Einstiegskurs 35 Punkte in die Traderichtung gemessen – von dort weg wird die nächste Pivotlinie (Fibonacci-Variante) genommen. Sollten die gemessenen 35 Punkte genau eine Pivotlinie sein, wird diese genommen. Sollte der am weitesten entfernteste Pivot (S3 oder R3) weniger als 35 Punkte vom Einstieg entfernt sein, dann wird dieser Trade nicht eingegangen. Oft geht der Kurs natürlich deutlich über das Kursziel hinaus, aber das Ziel dieser Strategie ist es nicht, jeden Tag den Jackpot zu knacken, sondern kleine und sichere Gewinne mitzunehmen, das dafür aber konstant. Wir holen uns nicht die Masse an Punkten, dafür aber die leichtesten.

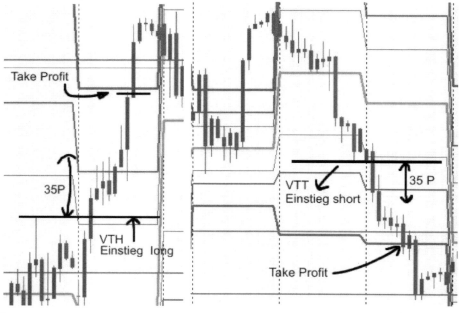

6. Gaps:

Sollte eine Gapbildung innerhalb von VTH und VTT (RANGE) stattfinden, ändert sich an der Strategie nichts. Wenn der Eröffnungskurs die RANGE überspringt, wird in diese Richtung kein Trade eingegangen. Sollte der Kurs später noch einmal in die RANGE zurückfallen (mindestens gleicher Preis wie VTT oder VTH), dann wird nachträglich diese Pending Order eingegangen. ABER: nicht mehr zu VTT oder VTH, sondern hierfür wird dann das aktuelle Tageshoch oder Tagestief genommen. In diesen Fällen kann es jedoch sehr oft sein, dass vom neuen Einstiegskurs bis zum letzten Pivot Point weniger als 35 Punkte Distanz ist und somit auch dann kein Trade eingegangen werden kann. Wenn der Preis nicht mehr in die RANGE zurückkommt, kommt an diesem Tag kein Trade in diese Richtung zustande.

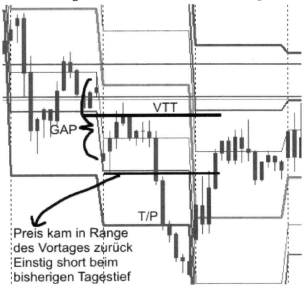

7. Verbleib der Orders:

Jede Pendingorder bleibt bis 21 Uhr im Markt. Auch wenn eine Order ausgelöst wurde, bleibt die gegenseitige Order bis 21 Uhr erhalten. Dies können Sie bei den Pendingorders schon am Morgen automatisch einstellen, indem Sie die Uhrzeit unter „verfällt" eintragen. Damit wird die Order dann automatisch um 21 Uhr aus dem Markt genommen und Sie müssen am Abend nicht extra noch einmal zum Rechner.

III. Beispiele

Sehen wir uns jetzt eine Beispielwoche an. Sie finden den dazugehörigen Chart rechts auf dieser Doppelseite. Ich habe hier bewusst ein Bild einer nicht ganz so perfekten Woche gewählt. Dies ist die Woche vom 19. - 23. März 2012. Hier wurden an allen fünf Handelstagen Orders ausgelöst. An drei Handelstagen konnten wir Gewinn machen, an zwei Tagen lief der Trade in den Stop-Loss.

Montag: +35 Punkte Gewinn
Dienstag: +35 Punkte Gewinn
Mittwoch: -35 Punkte Verlust
Donnerstag: +50 Punkte Gewinn
Freitag: -35 Punkte Verlust

Dies ergibt einen Wochengewinn von 50 Punkten. Das hört sich jetzt zwar nicht viel an, aber wie schon erwähnt habe ich hier nicht die perfekte Top-Woche genommen, um Sie zu beeindrucken. Trotzdem darf man nicht vergessen, dass diese Trades absolut ohne unser Zutun getätigt wurden. Wir mussten lediglich kurz nach 8 Uhr die Pending Orders setzen, was eine Arbeit von 2 Minuten ist.
Es gibt natürlich auch Wochen an denen man gut mehr als 150 Punkte Gewinn machen kann. Bei 3% Risiko pro Trade wären diese 50 Punkte trotzdem ca 4,3 % Wochenperformance gewesen, bei 5% Risiko sogar über 7 % Wochengewinn. Wichtig ist, dass dies konstant passiert und unser Konto langsam wächst. Wenn diese Strategie in guten Monaten vielleicht 10 - 15 % Monatsperformance abliefert und das ohne dabei selber aktiv zu sein, kann man sich nicht beklagen. Trotzdem gibt es natürlich noch einige Möglichkeiten wie man diese Strategie für sich persönlich verfeinern und optimieren kann. Dazu kommen wir als nächstes.

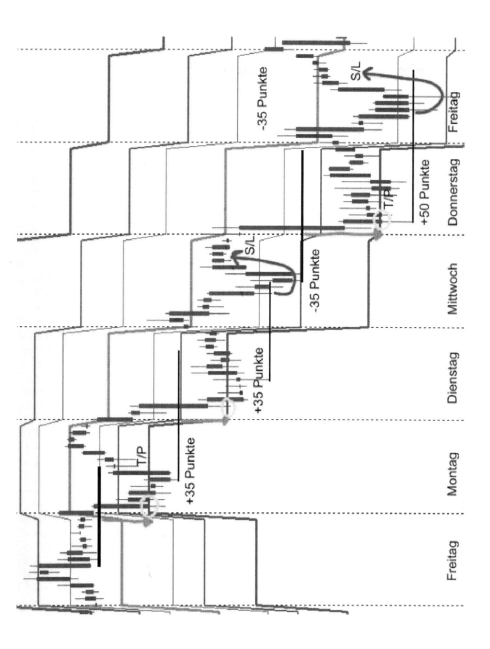

149

IV. Optimierung

Dies ist die Grundstrategie und diese funktioniert auch schon recht gut. Trotzdem sollte man, wie bei jeder Strategie, regelmäßig die einzelnen Trades anschauen und die Strategie hinterfragen. Am besten Sie setzten sich nach dem letzten Handelstag eines Monats hin, sehen sich noch einmal jeden Trade an und stellen sich folgende Fragen:

War der statische Stop-Loss von 35 Punkten der richtige?

Wäre ich vielleicht auch mit nur 28 Punkten ausgekommen?

Hätte ich den Stop-Loss nach Erreichen eines gewissen Pluswertes auf Einstand nachziehen sollen?

Hätte ein Trailing Stop einen Sinn gemacht?

Viele dieser Optimierungsmaßnahmen würden zwar bei einzelnen Trades zum Erfolg führen. Oft sind Trades bereits mit 25 Punkten im Profit und dann dreht der Kurs trotzdem noch einmal und die Order endet im Stop-Loss (wie in unserer Beispielwoche am Mittwoch und Freitag). In diesen Fällen wäre es am klügsten gewesen, den Stop nachzuziehen – wir hätten dann um 70 Punkte weniger Verlust und somit mehr Gewinn gehabt. Man darf aber nicht vergessen, dass ein verfrühtes Nachziehen auch manchmal den Trade punktgenau bei "breakeven" beendet und der DAX im Nachhinein trotzdem in das Target getroffen hätte, dann aber leider ohne uns. Ein Nachziehen kann uns also vor Verlusten bewahren, verhindert aber oft auch den Gewinn. Nach meinen Beobachtungen ist es relativ egal, ob ich den Stop nun nachziehe oder nicht. An manchen Tagen entgeht mir dadurch Verlust und an anderen Gewinn – langfristig gesehen macht es kaum einen Unterschied. Es hängt ganz von Ihrer Persönlichkeit ab, was Sie leichter „ertragen": kleine Verluste oder entgangene Gewinne. Man darf aber auch nicht übersehen, dass ein Nachziehen des Stops auch wieder mit zusätzlicher Arbeit verbunden ist, und somit auch mit einer erhöhten Fehleranfälligkeit.

Den statischen Stop-Loss-Wert von 35 Punkten sollte man auch regelmäßig hinterfragen. Wenn zum Beispiel bei sechs Verlusttrades eines Monats der Preis deutlich weiter als 35 Punkte entgegen die Traderichtung gegangen ist, dann hätte hier auch beispielsweise ein 28er S/L genauso gereicht. In diesem Fall hätten wir uns 42 Punkte sparen können. Wäre aber wegen eines engeren Stops nur ein einziger Gewinntrade verhindert worden, würde es auch hier langfristig wenig Sinn machen, an den ursprünglichen 35 Punkten etwas zu ändern.

Es ist auch sehr auffällig, dass gerade nach Tagen mit einer großen Range oder Bewegung am Folgetag selten ein Trade ausgelöst wird und wenn doch, dann ist es sehr oft ein Verlust. Hier könnte man, sollte das zum Problem werden, eine Regel in den Tradeplan schreiben, wonach zum Beispiel nach Tagen, mit einer Range von über 200 Punkten (Beispiel) am darauffolgenden Tag keine Pending Orders abgesetzt werden. Auch hier könnte man nach einer gewissen Zeit oder schon beim Backtesting das Szenario durchspielen, was sich geändert hätte wenn man an solchen Tagen frei gemacht hätte.

V. Fazit

Alles in allem sollte man diese Strategie möglichst in Abwesenheit traden. Sie ist so konstruiert, ohne menschlichen Eingriff zu funktionieren. Jeder Versuch dies doch zu tun, kann den Erfolg zum Kippen bringen. Unsere Arbeit als Trader ist hierbei nicht das

Ausführen der Trades, sondern die Vorbereitung und die Statistik. Das bedeutet nicht weniger Arbeit, jedoch sind wir hierbei komplett aus dem Tagesgeschäft ausgeschlossen und somit ist der Faktor des menschlichen Versagens stark vermindert. Sollten Sie diese Strategie als Zweitstrategie nebenbei handeln, empfehle ich dafür ein zweites Konto zu eröffnen. Hier werden dann morgens die Orders eingegeben und dann steigen Sie sofort wieder auf Ihr Hauptkonto um. Am Abend können Sie dann überprüfen was passiert ist.

KAPITEL 6
"Suche nach Keylevels"
(Prognosekästchen)

6.) Suche nach Keylevels

Die Technische Analyse funktioniert deshalb, weil sich auch andere Trader daran halten. Wenn ich zum Beispiel eine deutlich sichtbare Unterstützungslinie finde, kann ich davon ausgehen, dass auch andere Trader da draußen dieselbe Linie sehen. Die Wahrscheinlichkeit einer Reaktion des Kurses an dieser Stelle ist somit wesentlich höher. Da inzwischen aber auch sehr viele automatisierte Systeme im Markt sind, wird dieser Effekt noch verstärkt, da besonders die Computer nur auf technische – also mathematische – Werte reagieren können.
Natürlich bezieht sich das nicht nur auf einfache Unterstützungs- und Widerstandslinien, sondern auf alle Bereiche.

Ganz egal ob es technische Studien wie Pivot Points, Fibonacci, EMAs oder ein Oszillator (z.B.: MACD oder Stochastic) ist, es wird immer andere Trader geben die auf dieselben Werte starren wie Sie. Wenn man dann noch mehrere Studien miteinander kombiniert und gemeinsame Stellen von Unterstützung und Widerstand ausmachen kann, dann können hier sehr interessante Cluster entstehen. Wenn sich zum Beispiel eine Pivot-Linie mit einem EMA und einer Fibonacci-Ebene am fast selben Kurs überschneiden, dann kann ich davon ausgehen, dass hier nicht nur Pivot-Trader reagieren werden, sondern auch Leute die auf die EMAs schauen und Fibonacci-Fanatiker. Die Gruppe Ihrer Handelskollegen, die auf denselben Punkt reagieren wird umso größer. Dadurch kann man diverse Keylevels ausfindig machen. Man spricht in diesem Zusammenhang auch von Clustern, Clusterzonen oder wie ich es nenne: Prognosekästchen. Ich werde im Text wieder alle Ausdrücke benutzen. Wir werden uns später gleich ein paar Beispiele ansehen, zuvor sprechen wir aber noch über die einzelnen Werkzeuge, die wir zum Suchen der Keylevels benutzen können.

I. Die Werkzeuge

Hier sehen wir uns nun die Werkzeuge an, die wir zum Suchen der Prognosekästchen benötigen. Man sollte möglichst die Standardeinstellungen der Indikatoren benutzen, da es so die meisten Übereinstimmungen mit anderen Händlern gibt. Zwar kann man natürlich auch immer mit anderen Einstellungen experimentieren, doch dann muss man davon ausgehen, dass weniger andere Trader dasselbe sehen.

a.) Moving Averages/Gleitende Durchschnitte (EMAs, SMAs)

Es gibt Händler, die exponentielle Durchschnitte (EMA) bevorzugen, andere handeln lieber mit der simplen Berechnung (SMA). Ich persönlich bevorzuge die EMAs, da die mathematische Grundlage dafür wesentlich komplexer ist. Welche von den beiden Berechnungsformen Sie benutzen ist Ihnen überlassen. In diesem Fall funktioniert beides recht gut und wird von einer breiten Masse benutzt. Sie können auch beide Varianten kombinieren.

Was allerdings die meisten SMA- und EMA-Händler gemeinsam haben ist, dass hier die Linien basierend auf dem Schlusskurs bevorzugt werden. Wenn Sie einen Moving Average in Ihrer Handelsplattform einblenden, sollten Sie deshalb darauf achten, dass dieser auf „close" oder „Schlusskurs" angewendet wird. Es wird also der Durchschnitt der Schlusskurse der letzten Kerzen der eingestellten Periodenanzahl berechnet.

Auch bei der Anzahl der Perioden gibt es beliebte Zahlen, die öfters benutzt werden. Sie können natürlich auch einen 41er EMA einblenden, doch den benutzen nur sehr wenige Trader. Beliebt sind hier vor allem: 5, 10, 20, 50, 100, 200. Zusätzlich benutzen viele Trader auch EMAs und SMAs mit Fibonacci-Zahlen (1, 3, 5, 8, 13, 21, 34, 55...) Oft wird dann statt dem 50er EMA, der auf Fibonacci basierende

55er EMA oder statt dem 20er der 21er genommen.

b.) Fibonacci-Retracement

Auch die Fib-Levels, die man entlang von vorherigen Bewegungen ziehen kann, bieten gute Anhaltspunkte bei der Suche nach Keylevels. Die typischen Ebenen sind in allen Handelsplattformen integriert: 23.6, 38.2, 50.0, 61.8, 78.6. Das 78.6 (manche nehmen auch 76.4, es gibt aber kaum Abweichung im Kurs) ist bei vielen Handelsplattformen, wie auch im Meta Trader 4 nicht voreingestellt und muss in diesem Fall manuell einprogrammiert werden, und das geht so:

- Ziehen Sie ein beliebiges Fibonacci-Retracement in den Chart

- Doppelklicken Sie darauf und klicken Sie dann die rechte Maustaste – Fibo Eigenschaften

- Danach öffnet sich ein Menü. Hier gehen Sie auf die Karteikarte „Fibo Level" und klicken dort auf den Button „Anlegen"

- Es öffnet sich eine Eingabemöglichkeit in der Tabelle. Dort schreiben Sie in die Spalte „Ebene": 0.768 und bei „Beschreibung": 76.8 und dann einfach auf OK

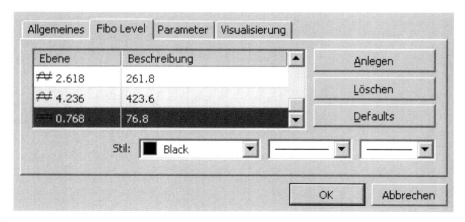

c) Pivot Points

Das ist eigentlich ein gutes Beispiel, um nochmals die Funktionalität der Technischen Analyse zu demonstrieren. Pivot Points sind eine rein mathematische Studie, mit der aufgrund des Höchst-, Tiefst- und Schlusskurses des Vortages (Vorwoche, Vormonat) mögliche Unterstützungen und Widerstände berechnet werden. Diese Linien sind dann irgendwo im Chart und der einzige Grund warum Pivots auch funktionieren ist, da es ganz viele Menschen auf diesem Planeten gibt, die darauf achten und das schon seit Jahrzehnten. Pivot Points sind leider nur in wenigen Handelsplattformen integriert – auch nicht im Meta Trader – können aber manuell als Plugins eingefügt werden. Ich benutze einen Indikator mit dem Namen „AutoPivotIndikator_ver5". Dieser ist meiner Ansicht nach der beste und kann im Internet kostenlos heruntergeladen werden. Geben Sie dazu einfach den Namen in eine Suchmaschine wie Google ein. Eine Video-Anleitung wie man eigene Indikatoren in Meta Trader 4 integriert, finden Sie auf meiner Seite www.forex-crash-kurs.de

Standardeinstellungen gibt es bei Pivot Points nicht, denn alles hat bereits seine fixe Rechenformel. Es gibt allerdings neben den klassischen Pivots auch noch alternative Berechnungsformen, wie Fibo-Pivots (siehe Kapitel 5 – Vintage DAX), Camarilla und andere. Ich benutze aber am liebsten die klassische Variante, da auch diese von den meisten Tradern benutzt wird.

Die Pivot Range besteht aus dem Central Pivot Point, sowie mehrere Unterstützungen (S1, S2, S3) und Widerständen (R1, R2, R3) darüber und darunter. Zwischen den Pivot-Linien gibt es noch die sogenannten Mid-Points, welche die genaue Mitte von zwei Linien definieren.

Jede dieser Pivotlinien dient als potentielle Unterstützung und Widerstand. Außerdem spielt sich eine Tagesbewegung meistens innerhalb der gesamten Range der Pivot-Linien ab. Ist der Kurs also einmal über dem R3 oder unter dem S3 gilt er als überhitzt. Ich halte mich in solchen Fällen dann meist mit weiteren Trades zurück.

Im folgenden Bild sehen wir einen Intraday-Chart. Am Morgen wird der Central Pivot mit einer langen grünen Kerze durchbrochen. Diese Bewegung wird im Bereich der Linie (Daily Pivot) dann aber ein wenig aufgehalten. Auch am R1 sehen wir, dass diese Linie zunächst ein wenig Widerstand geboten hatte. Nachdem der Durchbruch aber gelang, kam der Kurs noch einmal auf die Rückseite der Linie zurück bevor der Preis weiter anstieg. Das Tageshoch wurde am R2 markiert, danach fiel der Kurs wieder deutlich zurück. Sehr oft ist der R2 das Tageshoch oder der S2 das Tagestief und ein beliebtes Kursziel für Intraday-Trades.

Zusammenfassend kann man sagen, dass uns Pivots also nicht nur potentielle Unterstützungen und Widerstände bieten, sondern auch ein Gefühl für die ungefähre Range des Tages geben.

Zusätzlich zu den Daily Pivots, die anhand der Kurse des Vortages berechnet werden, gibt es auch noch Weekly und Monthly Pivots. Diese werden mit den Kursen der Vorwoche und des Vormonats berechnet.

d) Unterstützung, Widerstand und Trendlinien

Diese Linien müssen wir natürlich manuell zeichnen und da es sich dabei um keinen Indikator handelt, gibt es auch keine Standard-Settings, doch es gibt unzählige Regeln, wie man eine dieser Linien zeichnet. Auch hier ist es deshalb wichtig, die Linien so zu zeichen, dass es möglichst viele Übereinstimmungen mit anderen Tradern gibt. Die Linien sollten leicht sichtbar sein. Wenn Sie zu lange brauchen um eine Linie zu finden, dann müssen Sie davon ausgehen, dass andere Trader diese gar nicht gefunden haben.

Ein großes Problem bei diesen Linien ist, dass es keine hundertprozentige Regel dafür gibt, wie man das tut. In manchen Büchern liest man zum Beispiel, dass niemals durch Dochte gezeichnet werden soll und in anderen Quellen steht das genaue Gegenteil. Mit der Zeit entwickelt jeder Trader seine eigene Technik wie er das macht. Sollten Sie sich hier noch unsicher sein, dann gibt es eine Faustregel: Wenn es beim Zeichnen einer Linie zu viele Unstimmigkeiten – also zu viele mögliche Variationen – gibt, dann ist das meistens eine Linie die weniger präzise funktionieren wird, da auch andere Trader vor demselben Problem stehen. Jeder zeichnet seine Linie wie er es für richtig hält und am Ende funktioniert keine davon wirklich. Beim Suchen von Keylevels sollte man deshalb nur Linien verwenden, die klar zu zeichnen sind und bei denen es keine Unstimmigkeiten gibt.

Sehen wir uns dazu zwei Bilder an. Im ersten Bild sehen wir einen klaren Aufwärtstrend. Die Trendlinie hat mehrere klar zu sehende Berührungspunkte. Es gibt kaum eine andere Möglichkeit diese Linie zu zeichnen und deshalb muss man davon ausgehen, dass es auch in den Charts der anderen Marktteilnehmer nicht viel anders aussieht. Wir wissen also ganz genau, wo wir reagieren müssen.

Die Linie lässt sich klar definieren und es gibt kaum andere Varianten diese zu zeichnen.

Im nächsten Bild sehen wir einen Chart in dem man gleich mehrere verschiedene Trendlinien einzeichnen könnte. Wenn man sich jetzt vorstellt, dass jeder Trader eine andere dieser Linien im Chart hat, dann ist es nur logisch, dass die einzelnen davon weniger gut funktionieren werden.

Man kann sich diesen Umstand aber auch zunutze machen. Wenn dieses Bündel an Linien alles symbolisiert, was andere Marktteilnehmer in ihren Charts stehen haben, dann werden besonders die Schnittpunkte der Linien interessant, denn hier kann man dann wieder davon ausgehen, dass gleich mehrere Trader mit unterschiedlichen Zeichnungen an dieser Stelle reagieren könnten. Sie können beim Suchen von Keylevels also ruhig alles Mögliche einzeichnen, was Sie finden um nach Schnittpunkten zu suchen. Ich möchte Ihnen aber empfehlen, diese Linien danach wieder zu entfernen, da sonst zu viel Unruhe im Chart entsteht. Die erarbeiteten Keylevels können Sie vor dem Löschen durch ein Rechteck markieren (Meta Trader: Einfügen – Gebilde – Rechteck).

Mehrere Möglichkeiten eine Trendlinie zu zeichnen

Schnittpunkte

e.) Psychologische Marken

Das was wir gerade in d.) besprochen haben, waren visuelle Ebenen, also Linien die wir im Chart zeichnen, weil wir an dieser Stelle schon einmal etwas gesehen hatten. Es gibt aber auch „unsichtbare" Kurswerte die wichtig sein können. Das sind die psychologischen Marken wie runde Zahlen mit Doppelnull (1.3000 oder 103.00), aber auch die 50er-Schritte (1.3250 oder 104.50). Genauso sollte man auch auf Schnapszahlen achten (1.4444 oder 1313 beim Goldpreis). Meistens findet man bei diesen Zahlen aber ohnehin auch visuelle Beweise für Unterstützung und Widerstand, da die Kurse bereits in der Vergangenheit daran zögerten. Trotzdem spreche ich diesen Marken immer eine etwas stärkere Bedeutung zu, als „normalen" Linien.

Der Grund warum diese Linien meistens funktionieren ist erneut deshalb, weil einfach sehr viele Marktteilnehmer auf diese Zahlen achten. Auch wenn es darum geht, Grenzen zu definieren, hinter die man zum Beispiel einen Stop setzt oder noch einmal nachkauft, neigen viele Trader dazu, diese runden Ziffern zu nehmen. Der menschliche Verstand funktioniert einfach so, dass gerne einfache Levels genommen werden, anstatt irgendwelche krummen Zahlen.

f.) Bollinger Bands

Die Standard-Settings bei den Bollinger-Bands sind:

Periode: 20
Schiebung: 0
Abweichungen: 2
Anwenden auf: close

Wir haben in Kapitel 3 (Bollinger Bands) über den Effekt gesprochen, dass der Kurs bei Austritt aus den Bändern zuerst wieder zurückkommt, um dann vom Band wieder abprallen kann. Auch wenn der Kurs am Ende sogar wieder ganz drehen würde, einen Abpraller gibt es meistens. Diesen Umstand können wir auch beim Definieren eines Keylevels nutzen. Es kommt öfters vor, dass sich der Retest einer der Bollinger Bänder genau mit anderen Linien überschneidet.

In diesem Bild sehen wir einen raschen Ausbruch. Die Volatilität war so hoch, dass die Kerze bis über die Bollinger-Range schoss. Danach kam der Preis wieder ein wenig zurück, um das Bollinger Band zu testen und an derselben Stelle befand sich an diesem Tag auch der Daily Central Pivot Point. Die Wahrscheinlichkeit, dass der Kurs hier abprallt ist deshalb um einiges höher, da nicht nur Bollinger-Trader, sondern auch Pivot-Junkies an dieser Stelle eine Unterstützung sehen.

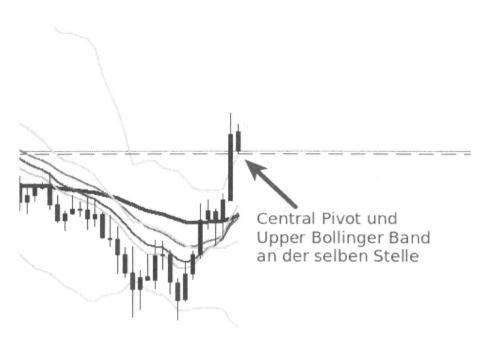

Central Pivot und
Upper Bollinger Band
an der selben Stelle

II. Die Achsen des Charts

Die allgemeine Definition der Technischen Analyse lautet: „Eine Methode um aus Entwicklungen der Vergangenheit mögliche Bewegungen der Zukunft vorauszusagen". Im Grunde genommen ist es dasselbe wie der Wetterbericht. Meteorologen sind keine Hellseher, sondern sehen sich zum Beispiel an, wo eine Wolke vorhin war und in welche Richtung der Wind bläst, um dann zu berechnen wo diese Wolke morgen sein wird. Ich weiß, das ist sehr einfach ausgedrückt, denn der Beruf des Wetterfroschs ist wesentlich komplexer, aber das ist der Beruf des Traders auch.

Die Zeit spielt bei der Technischen Analyse also eine wichtige Rolle und ist auch im Chart berücksichtigt, denn dieser ist nichts Anderes als ein Diagramm und besteht aus zwei Achsen: der Preisachse und der Zeitachse. Bestimmt ist es Ihnen schon aufgefallen, dass fast jede Handelsplattform die Möglichkeit bietet, dass rechts neben der letzten und aktuellsten Kerze noch ein ganzes Stück leer bleibt. Dieser Raum symbolisiert auf der Zeitachse die Zukunft und wir benötigen diesen auch, um darauf projizieren zu können.

Auf Seite 167 sehen Sie einen Chart, auf dem Sie es sehr gut erkennen können. Rechts von der letzten Kerze (Gegenwart) gibt es noch einen leeren Raum. Die beiden Trendlinien kommen aus der Vergangenheit und werden in den leeren Zukunftsraum hinein projiziert. Dadurch wird die künftige Entwicklung des Trends symbolisiert. Wir können damit aber auch künftige Schnittpunkte festlegen. Beide Trendlinien treffen sich zu einem späteren Zeitpunkt und an dieser Stelle könnte eine interessante Unterstützungs- oder Widerstandszone (kleines Kästchen) entstehen. Es lässt sich dadurch nicht nur feststellen, „dass" es diese Zone gibt, sondern auch „wann" diese Zone auftreten wird. Wenn man die Distanz bis zu diesem Ereignis misst, kann man so den ungefähren Zeitpunkt bestimmen, wann es interessant wird. Natürlich wissen wir jetzt noch nicht, wo der Kurs zu diesem Zeitpunkt stehen wird, denn er könnte ja jetzt auch zum Beispiel stark ansteigen und der Schnittpunkt hätte dann keine Bedeutung mehr, aber sollte der Kurs später tatsächlich von unten oder oben in dieses Kästchen treffen, so wird es dann wohl eine gute Möglichkeit geben, um auf einen Abpraller zu spekulieren. Dadurch, dass wir schon im Vorfeld den ungefähren Zeitpunkt abschätzen können, wissen wir auch, wann wir aufmerksam sein müssen, beziehungsweise am Computer zu sitzen haben. Man kann viele solcher Zonen vorhersagen und nur die wenigsten werden später auch wirklich getroffen, aber wenn eine trifft, funktioniert diese meist sehr gut. Wenn ein Kästchen nicht getroffen wird, ist dies vollkommen egal, denn dann kommt einfach kein Trade zustande.

Sollten Sie die Theorie dahinter jetzt noch nicht vollständig verstanden haben, keine Sorge. Wir werden uns auf den kommenden Seiten einige praktische Beispiele ansehen.

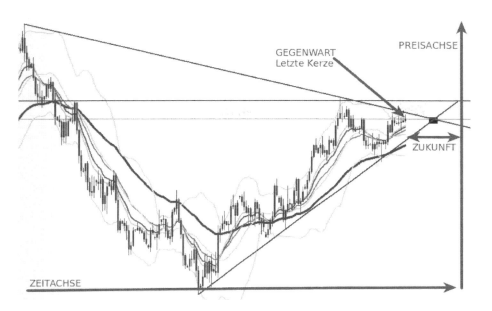

III. Beispiel-Analysen

a.) Abpraller von Flaggen-Unterseite

Sehen wir uns noch einmal den Chart von vorhin in einer älteren Ansicht an. Wir sehen, wie der Kurs in unser Kästchen fällt. Dieses Keylevel besteht aus einer Kreuzung von einer Trendlinie, der unteren Flaggenlinie, einer horizontalen Unterstützung eines alten Zwischentiefs und dem 50er EMA (dicke EMA Linie). Anhand des langen Dochts dieser Kerze kann man erkennen, dass der Preis nicht lange an dieser Stelle verweilte, sondern sofort wieder hochgezogen ist. Dies sieht natürlich im Nachhinein einfach aus, doch genau dieses Keylevel konnte man bereits lange vorher einzeichnen.

Die Trendlinie, die von links unten ausgehend nach oben läuft, existiert schon viel länger. Auch das Tief, welches die horizontale

Unterstützung erzeugte, passierte 25 Kerzen vorher. Die untere Flaggenlinie ist eine Parallele der oberen und auch diese konnte man bereits einige Kerzen vor dem potentiellen Einstieg zeichnen. Im Chart habe ich die Stelle mit einem Pfeil markiert, an dem man bereits alle Linien hätte zeichnen können. Circa sieben Kerzen davor konnte man dieses Rechteck in den „Zukunftsraum" des Charts setzen. Damals war das Kästchen noch in der weißen Leere, doch wie der weitere Kursverlauf zeigt, wurde es genau getroffen und dann ging die Bewegung rasch weiter nach oben.

Wie hätte der Tradeplan ausgesehen? Wir hätten die Linien gezeichnet, das Kästchen in der Zukunft definiert und uns dann gesagt: „Kommt der Kurs zufälligerweise zu diesem Zeitpunkt an diese Stelle, dann können wir Long einsteigen". Allein die Tatsache, das zu wissen, bringt deutlich mehr Orientierung in den Chart und hätte eventuell auch verhindert, dass wir da unten irgendwo auf die Idee gekommen wären, short zu gehen. Als der Zeitpunkt dann da war, konnten wir darauf auch nicht vergessen, da uns das Rechteck daran erinnerte und dass der 50er EMA dann auch noch zeitgleich an diese Stelle kam, bestärkte unsere Tradingentscheidung noch zusätzlich.

Spätestens zu diesem Zeitpunkt hätte man alle Linien bereits zeichnen können.

Ein weiterer Vorteil dieser massiven Keylevels ist, dass man dadurch auch meist den besten Preis erhält. Da wo sich mehrere Linien und Studien überschneiden, neigen die Kurse dazu, rasch zu reagieren. Auch ein Stop knapp unter solchen Zonen ist genau an der richtigen Stelle, denn wenn solch eine Zone scheitert, dann meist ordentlich.

b.) Bestätigung eines alten Widerstands

Im Bild unten auf dieser Seite sehen wir den Monatschart von AUD/USD. Jahrelang schaffte es der Kurs, sich über einen gewissen Wert zu halten (rote horizontale Linie). Doch irgendwann fiel diese Untergrenze und der Kurs wurde wegen systematischer Leitzinssenkungen der RBA (Reserve Bank Of Australia) immer weiter abverkauft und fiel in den folgenden Monaten weit unter die gebrochene Linie. Irgendwann begann natürlich auch wieder eine Erholungsphase, die den Kurs wieder zurück zur alten Unterstützung (die inzwischen zum Widerstand wurde) brachte.

Solche Tests von alten wichtigen Linien handelt man allgemein sehr gerne, doch nach dieser Erholungsrally einfach so short zu gehen, kann immer etwas schwieriger sein. Um uns dabei besser zu fühlen, können wir nach weiteren Beweisen suchen, dass dieser Widerstand wirklich wichtig ist. Das Rechteck zeigt das Zusammentreffen von der horizontalen Widerstandslinie, dem 50er Fibonacci-Retracement der gesamten letzten großen Abwärtsbewegung, sowie dem 50er EMA des Monatscharts. Besonders die Tatsache, dass sich der dynamisch bewegenden EMA genau zu diesem Zeitpunkt an diesem Preisniveau aufhielt, war eine tolle Sache.

Wie wir sehen können, bremste sich dann der Kurs langsam wieder ab und setzte in den darauffolgenden Monaten die Abwärtsbewegung wieder fort.

c.) Ein Kästchen, ohne zu wissen ob daraus etwas wird

Hier sehen Sie ein Chartbild, das ich vor längerer Zeit auf FOREXZEITUNG.de gepostet hatte. Der Titel des Posts war „AUD/USD: Prognosekästchen für morgen". Dieses Beispiel demonstriert sehr schön, wie man sich bereits am Abend zuvor ein Keylevel für den nächsten Tag zeichnen kann.

Von oben kommt eine längere Trendlinie und von unten nach oben bildet sich eine Flagge. In der rechten Mitte im Bild sehen wir das rosa Prognosekästchen (damals habe ich die Kästchen immer rosa gezeichnet). Zeitlich wäre es zwischen 7 und 10 Uhr vormittags gewesen, also wusste ich, dass ich zu diesem Zeitpunkt einen Blick darauf werfen muss. Befindet sich der Kurs dann tatsächlich in diesem Moment an dieser Stelle, wird mit engem Stop-Loss geshortet. Das Prognosekästchen hilft uns dabei, damit wir uns später auch tatsächlich noch an diese Zone erinnern und uns bestärkt fühlen.

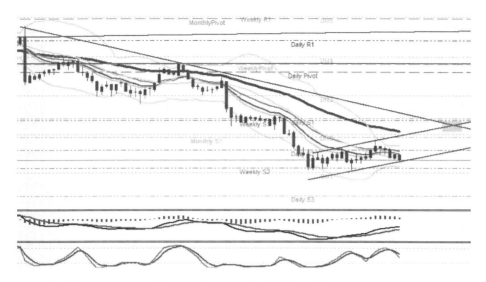

Was ist daraus geworden? Dieses Beispiel ist schon zwei Jahre alt, also bin ich im Stundenchart weit zurückgegangen und habe diesen Tag nochmal herausgesucht. Wie wir sehen, trafen die Kerzen tatsächlich das Prognosekästchen und kamen dann circa 25 Pips nach unten. Es folgte danach noch eine Seitwärtsphase und erst am Nachmittag kam der große Einsturz. Der Einstieg hätte also gepasst, wenn auch nicht sofort.

d.) Retest bei Intraday-Ausbruch

Auch bei Ausbrüchen kann der Retest der Formation oft mit einem Prognosekästchen definiert werden. Wir sehen im Chartbild den 1-Stunden-Timeframe von EUR/USD. Am Vorabend brach der Kurs aus der Flagge aus die sich in den letzten Tagen gebildet hatte. Die ganze Nacht über kämpfte sich der Kurs wieder langsam nach oben. Als ich mich am frühen Morgen zu diesem Chart setzte, sah ich, dass der Daily Pivot, der 50er EMA im H1 und der Retest der Flagge an einem gewissen Punkt zusammenkommen und habe deshalb dieses rosa Rechteck als Einstiegszone gezeichnet. Wie man sehen kann, traf der Kurs recht spät aber doch in dieses Kästchen und drehte dann wieder nach unten ab.

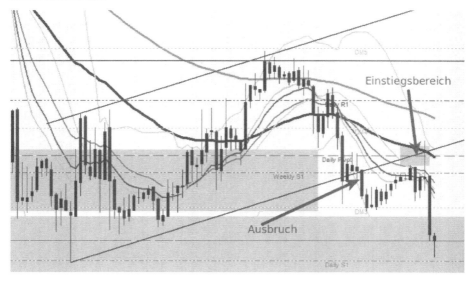

e.) Formationstest in Verbindung mit Triple-EMA

Dieser Ansatz kann auch in Verbindung mit den Triple-EMAs sehr interessant werden. Wir sehen hier einen schönen Abwärtstrend im H4-Chart von Gold. Es hat sich auch eine Schulter-Kopf-Schulter-Formation (SKS) gebildet. Die Nackenlinie wurde gebrochen und danach erholte sich der Kurs wieder langsam. Zum Zeitpunkt als die Kerzen die Rückseite der Linie für den Retest berührten, war an dieser Stelle auch der 10er EMA und es folgte, davon ausgehend, wieder ein kleiner Sell-Off von ungefähr 10 USD pro Feinunze. Danach setzte der Kurs noch einmal zu einer kleinen Erholung an, um die SKS-Neckline ein weiteres Mal zu testen, ehe der große Kursverfall eintrat. Auch hier konnten wir den wohl besten Einstiegspunkt mit einem Prognosekästchen vorhersagen. Aber selbst wenn man nur den ersten Abpraller gehandelt hätte, dann wäre der Trade rasch, mit zehn US-Dollar pro Feinunze, deutlich im Plus gewesen.

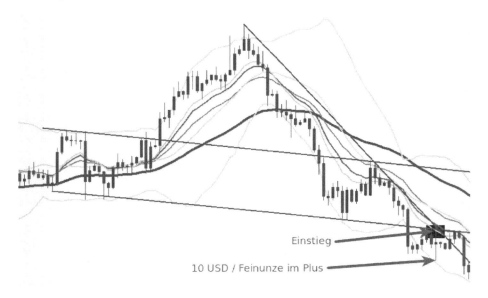

Versuchen Sie am besten sich selber durch die alten Charts zu klicken, um Ausschau nach solchen Prognosekästchen zu halten. Sie werden sehen, dass diese sehr oft vorkommen. Es ist hierbei besonders wichtig, dass man das Auge schult. Wenn man genug übt, erkennt man diese Levels oft schon mit freiem Auge. Natürlich gilt auch hier wieder, dass es im Nachhinein leichter aussieht als es in Wirklichkeit ist, doch es führt kein Weg daran vorbei in der Vergangenheit zu üben, um dies dann in aktuellen Charts umsetzten zu können. Im nächsten Schritt eröffnen Sie ein Demo-Konto und versuchen aktuelle

Prognosekästchen zu definieren und darauf basierend Trades abzusetzen. Das Statement dieses Kontos wird Ihnen später zeigen, ob Sie es bereits beherrschen oder nicht. Erst dann sollte man diese - so wie auch alle anderen Techniken in diesem Buch - am Live-Markt anwenden.

IV. Falsch liegen und trotzdem nichts verlieren

Die Überschrift hört sich doch sehr interessant an. Normalerweise verliert man Geld, wenn man falsch liegt, doch das Handeln an Keylevels kann dazu führen, dass man trotz eines Fehlschlages kein Geld verliert. Das liegt ganz einfach am guten Einstieg. Wenn der Kurs am Ende dann doch in die andere Richtung läuft, gibt es am Keylevel oft zumindest einen kurzen Abpraller in die Traderichtung und das gibt uns die Möglichkeit, die Stops nachzuziehen. Sehen wir uns dazu ebenfalls ein Beispiel an.

Wir sehen hier einen längeren Abwärtstrend. Es gibt eine Trendlinie. Die beiden horizontalen Linien symbolisieren alte Tiefs. Das untere dieser Tiefs können wir in diesem Chartausschnitt nicht sehen. Am Schnittpunkt befinden sich auch die kurzen EMAs und deshalb konnte man hier ein Kästchen zeichnen. Als die Kerzen diese Stelle erreichten, brach der Kurs recht rasch und deutlich ein und beförderte unseren Shorttrade stark ins Plus. Am Ende kam es wieder zu einer schnellen Rally und der Trade scheiterte. Doch kurz waren wir bereits deutlich im Gewinn und hatten dadurch die Möglichkeit, den Stop nachzuziehen, zu schließen oder zumindest Teilgewinne zu nehmen. Strategisch ist natürlich jeder Trader anders. Manch einer zieht die Stops früher nach, ein anderer wieder später, aber auch wann geschlossen und ob Teilschließungen gemacht werden, unterscheidet sich von Strategie zu Strategie. Etwas können aber bestimmt alle Trader gebrauchen: Einen Trade, der von Anfang an ins Plus läuft und einem zumindest kurzzeitig Gewinne anbietet.

Wenn man in solch einer Situation wie hier zum Beispiel den Stop nachgezogen hätte, dann wären zumindest keine Verluste entstanden, obwohl der Trade eigentlich schief ging. Natürlich hätte man den Stop auch bei einem schlechteren (niedrigeren) Einstieg nachziehen können, aber je besser mein Einstieg, desto schneller und sicherer kann ich den Stop verändern. Jemand der weiter unten eingestiegen ist, war womöglich noch im Minus bevor er nachziehen oder Gewinne mitnehmen konnte.

Den Satz den wir uns aus dieser Lektion mitnehmen können ist: „Je besser und präziser der Einstieg, umso niedriger die Wahrscheinlichkeit, mit dem Trade Geld zu verlieren." Das genaue Ausarbeiten von Keylevels hilft uns dabei diese Präzision einzuhalten und diese eingehaltene Präzision hilft uns dann auch wieder, mental ruhig zu bleiben, denn der meiste Stress entsteht immer dann, wenn man nicht genau weiß was man tut. Bei den Prognosekästchen wissen Sie ganz genau, warum und weshalb Sie hier gerade jetzt dies oder jenes machen und das kann Ihnen dabei helfen, sich an Ihre Regeln zu halten, Stops zu akzeptieren und Ihre Lebensqualität als Trader zu sichern.

V. Das mentale Trostpflaster bei nicht gemachten Trades

Diese Situation ist Ihnen bestimmt bekannt: Sie planen einen Trade, machen ihn dann aber doch nicht und dann wäre er gut gegangen. Sehr oft weiß man aber gar nicht mehr, welche Trades man eigentlich plante und somit auch nicht, ob man damit erfolgreich gewesen wäre oder nicht.
Der Grund warum Trades trotz guter Analyse nicht gemacht werden, ist meistens ein Mangel an Selbstvertrauen in die eigene Strategie. Um dieses aufzutanken, muss man positive Ergebnisse sehen, um sich selbst beweisen zu können, dass man es doch kann. Aber genau darin liegt das Problem bei nicht gemachten Trades, denn woher soll ich wissen ob sie geklappt hätten, wenn ich sie nie gemacht habe. Natürlich wäre hier auch ein Demokonto oder ein Aufschreiben der Trades auf Papier eine Möglichkeit, aber auch die Prognosekästchen können uns dabei helfen.

Stellen Sie sich vor, Sie zeichen eines dieser Rechtecke in den Zukunftsraum des Charts und verlassen dann, ohne eine Order zu setzten, Ihren Arbeitsplatz. Am Abend kommen Sie wieder nach Hause, um sich die Kursbewegung dieses Tages anzusehen. Der Kurs lief zunächst ein wenig seitwärts weiter, dann gab es plötzlich einen Ausschlag der Ihr Prognosekästchen punktgenau traf und danach lief der Kurs rapide in Ihre Traderichtung. Sie realisieren, dass der Einstieg wirklich am Punkt gewesen wäre und der Trade hätte bereits ein Plus von 150 Pips. Man könnte sich in dieser Situation natürlich ärgern, den Trade nicht gemacht zu haben, aber ich bin mir sicher, Sie hatten Ihre Gründe dafür, wie zum Beispiel das mangelnde Selbstvertrauen. Auch wenn Sie mit diesem „Trade" kein Geld verdient haben, haben Sie dennoch etwas Wertvolles erhalten, und zwar die Bestätigung, dass sie recht hatten und den grafischen Beweis anhand des Prognosekästchens im Chart gleich dazu. Wenn das dann noch öfters vorkommt, wird sich Ihr Selbstvertrauen immer mehr aufbauen und beim nächsten Mal sind Sie vielleicht auch wirklich dazu bereit, den Trade zu machen.

VI. Scalping mit Prognosekästchen

Besonders Scalper – also kurzfristige Trader – sind darauf angewiesen, möglichst perfekte Einstiege zu finden, denn bei den sehr oft sehr großen Positionsgrößen zählt jeder einzelne Pip. Diesen Tradern lege ich immer wieder ans Herz, genau nach diesen Keylevels zu suchen und sich daran zu halten. Wie wir vorhin schon gesagt haben, gibt es – auch wenn der Trade schief geht – zumindest einen kurzen Abpraller und einem Scalper, der ohnehin nur ein paar Pips herausschneiden möchte, reicht das bereits.

Vor allem die Keylevels in den größeren Timeframes, also von H4 aufwärts, sollten in diesem Zusammenhang beachtet werden, da Scalper sehr oft dazu neigen, nur auf die kurzen Zeiteinheiten zu achten und wichtige langfristige Entscheidungszonen dann übersehen werden.

Wenn Sie also Scalper sind, dann machen Sie am besten vor jeder Trading-Session - jedes Mal wenn Sie sich frisch vor Ihren Computer setzen - eine allgemeine Analyse und beginnen mit dem H4. Halten Sie Ausschau nach möglichen Keylevels, an denen sich mehrere technische Studien überschneiden und markieren diese Stellen mit einem Rechteck im Chart, damit Sie es dann auch in dem kürzeren Timeframe noch erkennen können.

VII. Das wertvolle Gegensignal

Ein weiterer großer Vorteil von Keylevels ist die eigentliche Stärke dieser Unterstützungen und Widerstände. Dadurch, dass viele Markteilnehmer an diesen Stellen reagieren, kann man auch davon ausgehen, dass genauso viele kapitulieren müssen, wenn die Zone doch durchstoßen wird. Deshalb ist der Stop-Loss knapp hinter solch einer Zone immer gut aufgehoben, denn wenn die Ebene gebrochen wird, dann werden meist auch viele Stop-Loss-Orders und Einstiegsorders in die Gegenrichtung ausgelöst. Jeder Pip den der Stop-Loss tiefer sitzen würde, wäre ein zusätzlich verlorener, also besser eng setzten.

Bricht ein Keylevel und Sie sind davor noch eingestiegen, dann wird Ihr Trade natürlich erst einmal Verlust schreiben und durch den Stop wird die Reißleine gezogen. Dadurch, dass dies aber auch andere tun, läuft der Kurs meist deutlich weiter und es besteht die Möglichkeit von dieser Bewegung gleich noch etwas mitzunehmen – in die andere Richtung wie die ursprüngliche Position – und der Gewinn aus diesem zweiten Trade holt oft den Verlust des ersten Trades wieder ein. Auf diese Weise kann man sich immer einen „Reservetrade" parat halten, den man dann im Falle des Falles zur Verlustbegrenzung benutzen kann. Somit bietet uns das eigentliche Scheitern unserer Position ein wertvolles Gegensignal.

Hier sehen wir so ein Beispiel. Der Kurs blieb längere Zeit über der roten horizontalen Linie, doch dann brach er nach unten aus. Es setze eine Erholung ein und das brachte den Kurs auf unser Keylevel. Das Kästchen ist die Kombination aus der ehemaligen Unterstützung, den kurzen EMAs sowie dem 50er Fibonacci-Retracement der Ausbruchsbewegung. Hier gab es eine Möglichkeit short einzusteigen. Der Stop wurde aber nur ganz knapp darüber platziert (helles Rechteck), denn man konnte davon ausgehen, dass der Kurs höher laufen wird, sobald diese wichtige Zone wieder durchschritten wurde – und genauso ist es auch passiert. Jeder Pip den der Stop-Loss höher gesessen wäre, hätte weiteren unnötigen Verlust bedeutet. Aber auch wenn wir hier verloren hatten, dieser Bruch nach oben erzeugte massive Longenergie und so etwas kann man sofort für einen oder mehrere Longtrades nutzen, um zumindest den Verlust wieder einzuholen.

Fazit

Gute Keylevels sind also meistens auch wichtige Drehpunkte, an denen es nicht nur die Chance gibt, in die eine Richtung einzusteigen, sondern bei Übertreten auch gleich in die andere. Man kann es wie eine Grenze zwischen long und short sehen. Ist diese Grenze durchbrochen, spielt die andere Seite eine Rolle. Aber was sind gute Keylevels? Ich würde sagen Schnittpunkte, die aus mindestens drei bis vier unterschiedlichen Linien, Studien, EMA oder etwas Ähnlichem bestehen.

KAPITEL 7
"Money und Trade Management"

7.) Money und Trade Management

Wir haben jetzt schon vieles in diesem Buch besprochen. Viele Möglichkeiten, um Trends zu erkennen, Seitwärtsphasen oder Fehlausbrüche auszumachen, Verhaltensregeln und so weiter. Kurzum: Charttechnik und Psychologie. Doch all das hilft Ihnen überhaupt nichts wenn Sie nicht auch noch auf die dritte wichtige Säule für erfolgreiches Trading achten: Das Money Management.

Da es letztendlich nur ums Geld geht, müssen wir unser Kapital natürlich managen und einteilen, da dies unsere einzige und wichtigste Handelsware ist. Haben Sie kein Geld mehr, dann können Sie auch nicht, mehr traden und werden auch nichts mehr verdienen. Ich erweitere den Ausdruck „Money Management" gerne noch mit dem Begriff des „Trade Managements", denn es geht um viel mehr, als nur um die richtige Positionsgröße, es geht um den gesamten Ablauf des Trades. Aber beginnen wir von vorne.

I. Prozentregel oder fixe Pipzahl?

Man hört immer wieder von diesen beiden Möglichkeiten, das Konto zu managen. Da keine Strategie auf der Welt ständig Gewinntrades produziert, müssen wir uns natürlich darauf vorbereiten, bei Verlusten nicht zu viel vom Konto zu verlieren. Selbst wenn ich die beste Strategie der Welt hätte, wird es immer auch Verlusttrades geben. Wenn der erste schief geht und dann kommen wieder drei gute Trades, dann hilft uns das nichts, wenn dieser erste Verlust gleich das ganze Konto leert. Also müssen wir sicherstellen, dass sich der kapitale Verlust in Grenzen hält. Dies kann ein fixer Prozentsatz des

Kontos sein, den man pro Trade riskiert. Die Positionsgröße ist also so gewählt, dass wenn der Stop-Loss ausgelöst wird, nicht mehr als dieser vorher definierte Anteil an Kapital weg ist. Ob dies nun 0,5%, 1% oder 3% sind, ist Ihnen und Ihrem Risikoprofil überlassen. Aber ich warne davor, Verluste über 5% zuzulassen, da nach einer größeren Serie an Verlieren der Drawdown so groß wird, dass man diesen nur noch schwer einholen kann. Außerdem kratzt dies auch an der mentalen Integrität.

Beim Berechnen der richtigen Positionsgröße gehen Sie wie folgt vor:

1) Wo ist der Stop-Loss?
Viele machen den Fehler, dass sie zuerst den Trade eröffnen und sich dann erst überlegen, wo der Stop-Loss hin soll. Darüber sollte man sich bereits vor dem Eingehen der Position im Klaren sein, denn erst wenn ich weiß, wo der Stop hingehört, kann ich auch berechnen wie groß die Position sein darf. Deshalb müssen Sie sich als erstes überlegen wo Sie stoppen. Messen Sie dann die Distanz zwischen Ihrem geplanten Einstieg und dem Stop-Loss und addieren Sie dazu den Spread, denn auch der wird verloren, wenn es schief geht.

2) Berechnung der Positionsgröße:
Angenommen Ihr Konto ist 5000 USD groß, der Stop-Loss soll 30 Pips entfernt sein und der Spread für dieses Währungspaar ist bei dem Broker 2 Pips. Sie riskieren somit insgesamt 32 Pips. Um jetzt die ideale Positionsgröße (Volumen) für den Meta Trader auszurechnen, müssen Sie noch wissen, wie hoch der Pip-Wert bei einem vollen Lot ist. Bei EUR/USD wären das zum Beispiel 10 USD pro Lot und Pip. Bei anderen Währungspaaren weicht das natürlich ab und ist von den Wechselkursen abhängig. Möchten Sie den aktuellen Pipwert wissen, dann gibt es dazu zahlreiche Internetseiten, die Sie ganz einfach mit einer Google-Suche nach „Pip Value Calculator" finden können.

Rechnen Sie danach mit folgender Formel:

„Kontogröße" / 100 x „die Prozent, die Sie pro Trade maximal verlieren möchten" = „Vk"
Das Ergebnis ist der Verlust in Kapital, der dem Prozentsatz entspricht (Vk)

Diese Zahl dividieren Sie mit den Pips die Sie riskieren (also die Entfernung zum Stop-Loss plus den Spread):
„Vk" / („Stop-Loss-Entfernung + „Spread") = „Pip-Wert"

Das Ergebnis dieser Rechnung ist dann der Wert eines Pips, also wie viel ein Pip wert sein darf, dass Sie beim Verlust des Trades genau die vorgegebene Prozentzahl Ihres Kontos verlieren. Diesen Pip-Wert müssen Sie dann noch mit dem Pip-Wert des vollen Lots (Pip-Wert vL) dividieren (unabhängig davon, ob Sie volle Lots handeln oder nur Microlots):
„Pip-Wert" / „Pip-Wert vL" = Positionsgröße

Das was hier dann herauskommt, ist die exakte Positionsgröße, wie Sie es im Meta Trader unter Volumen eingeben müssen.

Das war jetzt vielleicht etwas kompliziert, deshalb machen wir die selbe Rechnung noch einmal mit den Zahlen des vorherigen Beispiels, also Kontogröße 5000 USD, 30 Pips Stop-Loss, 2 Pips Spread, Risiko 2% des Kontos pro Trade, 10 USD Pip-Wert pro vollem Lot (EUR/USD):

5000 USD / 100 x 2 = 100 USD (Risiko pro Trade)
100 USD / (30+2) = 3,125 USD (Pip-Wert)
3,125 USD / 10 USD = 0,3125 Lot

Wir können also eine Position mit 0,31 Lot eröffnen und wenn wir 32 Pips (inklusive Spread) verlieren, dann ist der Verlust ziemlich genau 100 USD und somit 2% des Kontos.

Diese Rechnung ist recht kompliziert und ich muss Sie auch auf Seminaren sehr oft mehrmals erklären. Es ist also keine Schande, wenn Sie jetzt gleich ein paar Absätze zurückgehen und alles noch einmal lesen. Zugegeben, es erscheint sehr kompliziert, wenn man es aber einmal im Blut hat, dann rechnet man die Positionsgrößen innerhalb weniger Sekunden aus. Man kann natürlich auch eine Excel-Tabelle für diese Berechnung erstellen, doch wenn ich ehrlich bin, mache ich es immer mit dieser Formel und einem Taschenrechner, denn bis alle Parameter in Excel eingegeben sind, habe ich es schon längst auch so ausgerechnet - keep it simple.

Auch wenn das für „normale Daytrader", Swing- und Positionstrader kein Problem ist, da man immer eine Minute Zeit hat die Positionsgröße zu berechnen, ist diese Herangehensweise für das Scalping eher ungeeignet. Als Scalper müssen Sie oft innerhalb von Sekunden in eine Position springen und das sehr oft hintereinander. Da bleibt wenig Zeit jedes Mal am Taschenrechner herumzudrücken. Deshalb eignet es sich für schnellere Händler besser, mit einer fixen Pipzahl zu rechnen, die auf einem maximalen Tagesverlust in Prozent basiert.

Überlegen Sie sich, wie viel Prozent Sie als Scalper maximal bereit sind an einem Tag zu riskieren. Wenn dies zum Beispiel 5 % sind, dann können Sie mit folgender Methode sicherstellen, dass auch wirklich nicht mehr als diese 5 % verloren gehen:

Rechnen Sie zunächst aus, wieviel Kapital diese 5% Ihres Kontos sind. Bei unserem Beispiel von 5000 USD Kontogröße wären das 250 USD. Diese Zahl dividieren Sie mit einer Anzahl an Pips, die Sie maximal an dem Tag verlieren dürfen. Die Anzahl der Pips können Sie frei wählen, da alles zusammen sowieso nicht mehr als die 250 USD ausmachen wird. Sie sollten aber weder zu viel noch zu wenig nehmen. Zu wenig ist schlecht, da Sie dann eventuell nur zwei Verlusttrades haben dürfen und dann aufhören müssen. Zu viel ist aber auch nicht gut, denn dann wird die Positionsgröße zu klein.

Nehmen Sie hierzu am besten die maximale Anzahl an Pips, die Sie mit einem einzelnen Scalp riskieren und multiplizieren Sie diese Zahl mit 10. Das heißt dann, Sie können bis zu zehn Fehltrades ohne Gewinntrade produzieren ohne die 250 USD zu überschreiten. Wenn das dann zum Beispiel 100 Pips sind (10 Pips pro Trade), dann dividieren Sie diese 100 Pips durch die 250 USD maximaler Tagesverlust. In diesem Beispiel hätten wir dann einen Pipwert von 2,5 USD und somit eine Positionsgröße in EUR/USD von 0,25 Lot.

Danach geht es ans Handeln. Sie müssen sich keine Gedanken mehr über Positionsgrößen oder Money Management machen und öffnen Ihre Positionen einfach mit einer fixen Größe von 0,25 Lot. Ob Sie dann bei einem einzelnen Trade auch mal 15 Pips verlieren spielt keine Rolle. Sie müssen nur bedenken, dass bei maximal 100 Pips Schluss für heute ist. Gewonnene Trades können natürlich positiv eingerechnet werden und somit sind auch mehr Verlusttrades als nur zehn möglich, da es meist ja auch Zwischengewinne geben wird.

Dadurch ist gewährleistet, dass Sie nie mehr einen höheren Tagesverlust als 5% Ihres Kontos einfahren werden, sofern Sie sich auch daran halten.

Ein großer Vorteil bei Planverlusten in Prozent – sei es pro Trade oder pro Tag – ist, dass man zumindest mathematisch niemals in den Margin Call gelangen kann. Denn wenn Sie 5% Ihrer 5000 USD verlieren, haben Sie danach nur noch 4750 USD, und beim nächsten Mal werden die 5% auf Basis des neuen Kontostands berechnet. So wie das Konto kleiner wird, so wird auch das Risiko kleiner. Ein 100%iger Verlust ist dadurch nicht mehr möglich, wobei man natürlich sagen muss, dass wenn Sie irgendwann nur noch vier Dollar auf Ihrem Konto hätten, keine Position mehr öffnen können, da die Margin zu gering wäre.

II. Der Zinses-Zins-Effekt

Genauso wie uns die Prozent-Verluste davor bewahren, mathematisch

Pleite zu gehen und Folgeverluste vom Kapital her immer kleiner werden lassen, kann uns die Prozentregel auch bei der Maximierung der Gewinne helfen. Wenn Ihr Konto von 5000 USD auf 5500 USD angewachsen ist, dann dürfen natürlich auch die Positionsgrößen angehoben werden, denn der Kapitalwert Ihres Risikos in Prozent steigt damit auf die gleiche Weise an, wie er im Falle des Verlustes sinkt. Die üblichen 2% pro Trade sind dann nicht mehr 100 USD, sondern 110 USD und deshalb können Sie sich bei jedem Trade wieder ein paar Microlots mehr leisten. Wenn man konstant erfolgreich handelt, ist das ein zusätzlicher Boost, um das Konto schneller nach oben zu bekommen. Sollten dann aber doch wieder Verluste eintreten, ist es auch kein Problem, da mit Sinken des Kontostands auch die Positionsgrößen wieder kleiner werden.

III. Trade Management

Es ist nicht nur wichtig den Verlust richtig zu managen, sondern den gesamten Trade. Während eine Position offen ist, durchläuft sie mehrere Stadien. Zuerst wird sie eröffnet, irgendwann der Stop nachgezogen und so weiter. Das Ganze passiert meist ohne, dass man großartig darüber nachdenkt. Doch man sollte diese Vorgehensweisen unbedingt einmal grafisch sichtbar machen, denn es ist vielen Tradern gar nicht bewusst wie das eigentlich aussieht.

Auf der nächsten Doppelseite befindet sich eine Grafik, auf der wir sehen können, wie so etwas aussehen könnte. Dies ist natürlich nur eine Art von vielen, wie man einen Trade ausführen und darstellen kann, aber nutzen wir dieses Beispiel, um der Sache näher zu kommen. Wir sprechen hier zuerst über die blanke Theorie und werden uns im Anschluss noch ein praktisches Beispiel mit einem Chart ansehen.

Durch die grafische Darstellung eines Trades wird uns bewusst, dass vieles anders scheint als es eigentlich ist. Eines dieser Irrtümer ist zum Beispiel, dass man denkt, Trading sei sehr riskant. Das ist es natürlich. Wenn wir diesen Tradeverlauf aber in diese fünf Stadien unterteilen, dann sehen wir sofort, dass das Risiko lediglich in einer von fünf Abschnitten vorkommt, und zwar beim Einstieg in den Markt. Während wir im ersten Programmpunkt noch analysieren, haben wir noch kein Risiko und sobald der Stop nachgezogen wurde, haben wir kein Risiko mehr.

a.) Analyse und Planung

Die erste Phase startet. Hierbei sind wir noch sehr ruhig, beginnen erst einmal unsere Linien zu ziehen und uns Gedanken über einen möglichen Trade zu machen. Das ist auch der Zeitpunkt an dem wir uns überlegen müssen, wo der Stop-Loss hin soll und wir auch die Positionsgröße danach berechnen. Es werden auch mögliche Kursziele aufindig gemacht und wir zeichnen uns einige Linien an diverse Gefahrenzonen ein, die uns während des Trades gefährlich werden könnten. Während dieser Phase sollte bereits alles geplant sein: Der Einstieg, der Stop-Loss, der Ausstieg, wann die Stops nachgezogen werden und so weiter, denn bevor wir in den Trade einsteigen, haben wir noch absolute mentale Ruhe und können uns voll und ganz darauf konzentrieren. Sobald wir eingestiegen sind, geht der Stress richtig los. Und dazu kommen wir jetzt.

b.) Einstieg in den Markt

Entweder wird die Order manuell abgesetzt oder der Einstieg erfolgt mittels einer Pending Order. Stop-Loss und Take-Profit sind gesetzt. Das ist der Zeitpunkt in dem wir wirklich im Risiko sind. Geht jetzt etwas schief, dann wird der Stop getriggert und der Trade wird zum Verlierer. Gut zu wissen, dass es die einzige Phase ist, an der es so ist. Dies ist der mental schwierigste, gleichzeitig aber auch der spannendste Moment – alles ist möglich. Wir sind emotional gefangen

VORBEREITUNG	RISIKO	KEIN RISIKO MEHR	GEWINN SZENARIO	
ANALYSE & PLANUNG	EINSTIEG IN DEN MARKT	STOP LOSS AUF BREAK EVEN **Schutz des Kapitals** ZIEL 1 Breakeven bei Erreichen der ersten Gefahrenzone	STOP LOSS NACHZIEHEN **Kleiner Profit** ZIEL 2 Stop-Loss im Profit hinter der Gefahrenzone nach deren Bruch	LAUFEN LASSEN **Großer Profit** ZIEL 3 Abwarten: Profit-SL oder TP (Z2 oder Z3)

zwischen Hoffnung und Respekt vor dem Risiko. Hier noch klare Entscheidungen zu treffen ist schwierig und deshalb ist es so wichtig, dass wir alle Planungsarbeiten bereits vor dem Einstieg gemacht haben.

c.) Ziel 1: Stop Loss auf Break-Even (Einstand)

Sobald der Kurs zur ersten Gefahrenzone, also zum ersten entscheidenden Widerstand oder Unterstützung kommt, können wir den Stop-Loss auf den Einstiegskurs nachziehen. Jetzt ist endlich der Moment gekommen, an dem das Risiko ausradiert wurde und wir haben bereits unser erstes Ziel erreicht: der Schutz des Kapitals. Ich ziehe den Stop in diesem Fall nicht erst bei Eintreffen an der ersten Gefahrenzone nach, sondern kurz davor – beim Annähern. Dadurch möchte ich verhindern, dass der Kurs plötzlich in die andere Richtung schießt und mein Trade wieder zum Verlust wird. Wenn man den Stop schon etwas eher nachzieht, hat man hier einen zeitlichen Vorsprung. Sollte der Kurs nämlich tatsächlich losschießen, dann meist kurz nachdem die Unterstützung oder der Widerstand erreicht wurde. Ich mache es einfach schon kurz davor um auf Nummer sicher zu gehen.

d.) Ziel 2: Kleiner Profit

Ist dieses erste Hindernis aus dem Weg geräumt, wird es Zeit für das zweite Ziel. Sobald der Kurs durch die erste Gefahrenzone durch ist, kann man den Stop weiter in den Profit ziehen. Es beginnt das „Gewinn Szenario". Ich nehme dazu gerne die gerade eben gebrochene Unterstützung (oder Widerstand) und setzte den Stop knapp dahinter. Sobald wir dies durchgeführt haben, ist unsere Arbeit als Trader bereits getan. Denn wir können nur noch warten: Entweder der Kurs läuft wieder gegen uns und stoppt uns mit dem kleinen Profit (Ziel 2) aus, oder er läuft weiter und wir kommen dem Ziel 3 näher.

e.) Ziel 3: Endziel – großer Profit

Wir müssen den Trade lediglich laufen lassen. Der nachgezogene Stop von Ziel 2 und der Take-Profit von Ziel 3 sind gesetzt und werden ohnehin automatisch ausgeführt. Es heißt also bereits ab Ziel 2: Finger weg, Ihre Arbeit als Trader ist getan.

VORBEREITUNG	RISIKO	KEIN RISIKO MEHR	GEWINN SZENARIO	
ANALYSE & PLANUNG	EINSTIEG IN DEN MARKT	STOP LOSS AUF BREAK EVEN **Schutz des Kapitals**	STOP LOSS NACHZIEHEN **Kleiner Profit**	LAUFEN LASSEN **Großer Profit**
		ZIEL 1	ZIEL 2	ZIEL 3
		Breakeven bei Erreichen der ersten Gefahrenzone	Stop-Loss im Profit hinter der Gefahrenzone nach deren Bruch	Abwarten: Profit-SL oder TP (Z2 oder Z3)

Hier noch einmal die selbe Grafik, damit Sie beim Lesen nicht zurückblättern müssen

Durch diese grafische Darstellung wird einem bewusst, wo und zu welchem Zeitpunkt unsere Aufgaben als Trader liegen. Einer der größten Fehler, den Trader machen ist, dass alles unstrukturiert abläuft. Es wird einfach in die Position hinein gesprungen, ohne zu wissen, wo und wann man aussteigen möchte. In diesem Zusammenhang ist es dann auch selten bekannt, was man mit dem Trade überhaupt bezwecken will, da keine vernünftige Planung vorgenommen wurde. Gewisse Handelsentscheidungen müssen dann noch im Nachhinein getroffen werden, wenn der Trade schon längst offen ist und diese Entscheidungen sind dann oft die falschen, da der Stresspegel zu hoch ist. Auf Dinge wie Stop-Nachziehen wird dann oft noch vergessen oder der Trade wir panisch bei einem Mini-Gewinn geschlossen, obwohl das Kursziel in Sichtweite ist.

Versuchen Sie selbst eine ähnliche Grafik von Ihrem Handelsstil aufzuzeichnen und nutzen Sie diese dann als Vorlage für alle Ihre Trades.

„Analyse & Planung", sowie „Einstieg in den Markt" sollte jeder Ablaufplan enthalten. Wann und ob Sie Ihren Stop nachziehen, ob Sie per Take-Profit aussteigen oder bei einem Gegensignal, ist natürlich von Ihrer persönlichen Strategie abhängig. Hier einige Anregungen welche Boxen (Stadien) Sie in Ihre Grafik einbauen können.

- Analyse & Planung
- Einstieg in den Markt
- Stop-Loss auf Break-Even
- Stop-Loss weiter nachziehen (hinter EMA, Trendlinie....)
- Auch mehrmaliges Nachziehen ist möglich
- Teilschließung (z.B. Positionsgröße halbieren)
- Warten auf Gegensignal, dann Schließung
- Vergrößern der Position, sollte der Trade profitabel laufen

Sie können nahezu jeden Arbeitsschritt in dieses Diagramm einfügen, aber versuchen Sie trotzdem, es so einfach wie möglich zu halten. Drucken Sie sich das Ganze nachher aus und hängen Sie diesen Zettel über Ihre Monitore und versuchen Sie ab diesem Zeitpunkt nach diesem Ablaufplan zu arbeiten. Sie werden sehen: Ihr Trading wird ab dann wesentlich strukturierter und stressfreier.

IV. Praktisches Beispiel zum Trade Management

Das war jetzt viel Text und um alles für Sie ein wenig verständlicher zu gestalten, sehen wir uns jetzt noch einmal einen Trade nach der gerade besprochen Grafik an.

Bewusst habe ich dazu ein Beispiel aus dem H4-Chart des EUR/USD genommen, das ich gerade – so wie ich hier sitze und schreibe – vor einigen Tagen mit diesem Plan getradet habe. Ein Bild dazu kommt dann auf der nächsten Seite.

Nachdem Mario Draghi (EZB) bei einer Pressekonferenz sagte, dass weitere Maßnahmen gegen einen zu starken Euro unternommen werden, stürzte der Euro ab. Das ist die erste große Welle an roten Kerzen in diesem Chartbild. Danach folgte eine kurze Seitwärtsrange und währenddessen begann für mich die Planung für einen neuen Shorteinstieg. Sie sehen dies durch den Pfeil mit dem Text „Planungsphase" markiert. Mein Plan war es, zu warten, bis sich die Kerzen und die Triple-EMAs im H4-Chart wieder treffen um dann am 10er EMA short zu gehen. Initialstop hinter dem 20er. Vom Einstieg her also ein typischer Trade wie wir ihn in Kapitel 1 besprochen hatten. Den weiteren Tradeverlauf wollte ich aber etwas aktiver gestalten und deshalb nahm ich diesen Plan dazu. Das bisherige Tief war meine erste Gefahrenzone und eine Kombination aus mehreren täglichen, wöchentlichen und monatlichen Pivot-Linien waren mein Kursziel (diese Linien kann man in diesem Chart im Nachhinein leider nicht mehr sehen).

Der Trade startete und ich ging am 10er EMA im H4 (1.3765) short und setzte meinen Stop 35 Pips höher hinter dem 20er EMA (1.3800). Der Take Profit saß exakt 105 Pips im Profit (1.3660). Ich musste nicht lange warten, dann fiel der Kurs mit einer deutlichen roten Kerze nach unten und ganz schnell konnte ich auch mein „Ziel 1" sichern und auf Break-Even ziehen. Noch innerhalb der selben Vier-Stunden-Kerze brach dieses Level auch und dann wurde es sofort Zeit für „Ziel 2". Ich zog den Stop knapp über diese gebrochene Linie (1.3750). Somit waren bereits 15 Pips abgesichert, die mir keiner mehr nehmen konnte. In vielen dieser Fälle kann man sogar ein paar Pips mehr nachziehen, doch hier waren nicht mehr als 15 möglich. Somit war meine Arbeit getan. Es war später Vormittag und ich ging erst einmal etwas essen und verbrachte dann einen angenehmen Nachmittag, während mein Trade im Plus lief.

Entweder 15 Pips (SL) oder die vollen 105 Pips (TP), das war hier die Frage, doch ich musste nichts tun. Die Orders waren gesetzt und meine einzige Aufgabe war es, mich an den Plan zu halten und diszipliniert zu warten. Diese Disziplin aufrecht zu erhalten fiel mir auch nicht schwer, da ich meinem Plan vertraue und genau diese Art der grafischen Darstellung hilft auch dabei.

Es verging der ganze Tag und auch die ganze Nacht und auch am nächsten Morgen war der Trade weder im Stop-Loss, noch im

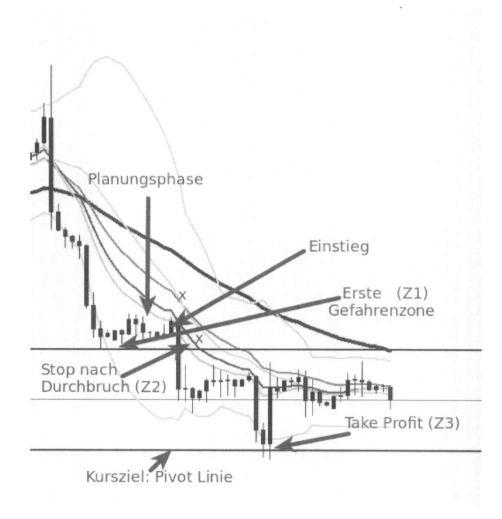

Take-Profit und das blieb auch so. Dadurch verging noch ein ganzer Tag und der Kurs lief irgendwo zwischen meinen beiden Begrenzungen seitwärts. Doch dann, am dritten Tag, in den frühen Morgenstunden, gab es wieder einen plötzlichen Sell-Off und mein Take Profit wurde ausgeführt.

Beispiel mit dem 5000 USD-Konto

Spielen wir dieses Beispiel jetzt noch einmal mit unserem fiktiven 5000 USD-Konto und den 2% Risiko durch, um ein Gefühl für das Money Management zu bekommen.

2% Risiko von 5000 USD = 100 USD. Bei einem Stop von 37 Pips (35 Pips + 2 Pips Spread) sind das: 2,7 Dollar pro Pip, also eine Positionsgröße von 0.27 Lot im Meta Trader. Wenn im ersten Moment der Trade schief gegangen wäre, dann hätten wir also genau 100 USD verloren (2% unseres Kontos). Doch nur wenige Stunden später konnten wird denn Stop nachziehen und das Risiko auf 0% setzen. Wenn man bedenkt, dass dieser Trade ca. 48 Stunden gedauert hat, waren wir wirklich nur sehr kurz im Risiko.
Wenige Zeit später ziehen wir den Stop auf 15 Pips Profit, dies enspricht einem Gewinn von 40,5 USD oder rund 0,8%. Vorhin war es noch 2% Risiko – jetzt sind es schon 0,8% Minimumgewinn. Als dann der Trade letztenendes die Take-Profit-Order auslöste, entstand ein Gewinn von 105 Pips oder 283,50 USD. Dies entspricht 5,67% des Kontos.
Selbst wenn danach wieder zwei Trades mit 2%-Risiko schief gehen würden, wären wir immer noch im Gewinn, was das gesamte Konto betrifft.
Sie sehen also, dass es beim Trading gar nicht wichtig ist, eine Trefferquote über 50% zu haben. Selbst wenn Sie nur einmal aus drei Trades richtig liegen, kann Profit entstehen. Wichtig ist das Chance-Risiko-Verhältnis.

V. Chance-Risiko-Verhältnis (CRV)

Der mathematische Schlüssel, dass es beim Trading klappt, ist das Verhältnis von Verlusten und Gewinnen. Damit ist aber nicht die Trefferquote gemeint, sondern in erster Linie der durchschnittliche Gewinn- und Verlusttrade. Dadurch wird die Rentabilität einer Position gemessen. Im echten Leben würden Sie wohl kaum 500 Euro für ein Geschäft riskieren, bei dem Sie vielleicht am Ende 50 Euro verdienen könnten. Wenn schon finanzielles Risiko, dann nur wenn es dazu auch eine realistische Aussicht auf einen deutlich höheren Gewinn gibt. Das ist beim Trading nicht anders. Selbst wenn es Ihnen als sicher erscheint, dass ein Kursziel, das 10 Pips entfernt liegt, ganz sicher erreicht wird, Sie nach Ihrer Strategie den Stop-Loss aber mindestens 30 Pips entfernt setzen müssen, dann ist das ein unrentabler Trade und sollte nicht gemacht werden, selbst wenn er mit ziemlicher Sicherheit gut gehen würde.

Um das sicherzustellen, sollte man zunächst einmal keinen Trade eröffnen, bei dem der Stop-Loss weiter weg ist, als der Take-Profit oder das imaginäre Kursziel. Man könnte hier sogar noch ein bisschen weitergehen und sogar nur Trades machen, bei denen auch die erste Gefahrenzone nicht näher als der Stop-Loss ist. Das Tradebeispiel von vorhin wäre dann zum Beispiel nicht möglich gewesen, da hier die erste Gefahrenzone bei ca. 20 Pips war und der Stop-Loss bei 35. Grundsätzlich reicht es aber, wenn Sie zumindest keine Position eingehen, bei der das Kursziel kleiner ist, als der Stop-Loss.

a.) Wo ist das Kursziel?

Man könnte sich es natürlich leicht machen und einfach sagen: „Der Stop ist 70 Pips weg, also nehme ich einfach 140 Pips Take Profit und fertig". Doch dieses Kursziel sollte auch ein realistisches sein, sonst wäre es sowieso kein Problem, immer ein positives CRV zu haben und wir könnten uns diese Diskussion ersparen. Das „C" in „CRV" steht für „Chance", und genau als das sollte es auch gesehen werden.

Ein realistisches Kursziel kann der nächste große Widerstand sein, ein Pivot-Level wie der S2 oder R2, aber auch die Projektionshöhe einer Chartformation wie eine SKS oder ein Double-Top. Ähnlich wie man bei einem Stop keine willkürliche Pip-Zahl nimmt, sondern ihn dorthin setzt, wo der Trade technisch nicht mehr gültig ist, sollte man auch ein Kursziel so definieren, dass auch eine realistische Chance besteht, dass dieses auch erreicht wird und nicht einfach geradeaus 100 Pips nehmen.

Man könnte hier jetzt natürlich viele Regeln für die Kurszielbestimmung aufzählen, doch jeder Chart und jeder Tag sind so verschieden, dass es hier keine Faustregel gibt. Deshalb nutzen Sie am besten folgende Grundsätze:

- **Ein Kursziel sollte immer dem Timeframe des Trades entsprechen. Wenn ich im M5 scalpe, wird es wohl kaum 160 Pips entfernt sein.**

- **Wählen Sie ein Kursziel stets unvoreingenommen von bisherigen Trades. Gab es an diesem Tag bereits Verluste in einer bestimmten Höhe, wird gerne absichtlich ein Kursziel gewählt, das diesen Rückstand wieder ausgleicht. Dem Chart ist Ihre bisherige Performance egal.**

- **Glauben Sie niemals: „Der wird ewig laufen!"**

- **Besonders klassische Chartwerkzeuge, wie manuelle Linien, EMAs oder Pivots, eigenen sich gut zur Kurszielbestimmung, sowie auch Prognosekästchen**

- **Sollten Sie sich nicht sicher sein wo sich ein Kursziel befinden könnte, dann nehmen Sie am besten etwas in unmittelbarer Nähe, dann ist die Wahrscheinlichkeit eines Treffers höher. Natürlich sollte das CRV trotzdem positiv sein. Gut dafür eignen sich Daily Pivot**

Points oder runde Ziffern (1.3000, 1.3050, 1.3100, 1.3150...), also einfach die nächste Linie ansteuern.

- Beim Handel ohne fixem Kursziel sollte zumindest eine Strategie zum Nachziehen des Stop-Losses vorhanden sein (hinter Trendlinie, hinter EMA oder jedem neuen Hoch). Trailing Stops sind auch geeignet, haben aber den Nachteil, dass Sie sehr starr sind und die Order immer mit einer fixen Pipzahl nachziehen, ohne sich der aktuellen Marktdynamik anzupassen.

b.) Das ideale Verhältnis

Als Allererstes muss man sagen: Weniger als 1:1 darf das Chance-Risko-Verhältnis niemals sein. 1:1 bedeutet, dass die Chance gleich hoch wie das Risiko ist.

Besser ist es natürlich, wenn sich dieses Verhältnis noch ein wenig verbessert und man zum Beispiel mit 2:1 handelt, also nur Trades nimmt deren Chance doppelt so hoch ist wie das Risiko. Sie können sich dazu ganz einfach eine Regel in Ihre Strategie schreiben, die besagt, dass nur Trades genommen werden, deren CRV über einem gewissen Wert liegt.

Insgesamt geht es aber nicht nur um den CRV der einzelnen Positionen, sondern um den gesamten CRV Ihrer Tradingstrategie. Oft muss ein Trade vorzeitig geschlossen werden und kommt gar nicht zum Take Profit, obwohl der eigentlich höher gewesen wäre als der Stop-Loss. Genauso gibt es auch Trades, die in den nachgezogenen Stop-Loss fallen und mit Null ausgebucht werden. All das kann natürlich den Durchschnitt der gewonnen Positionen beeinflussen.

Um herauszufinden, ob das CRV Ihres bisherigen Tradings nachgebessert werden müsste, sollten Sie einen Blick auf Ihre bisherigen Trades werfen. Sie können sich im Meta Trader ein Statement anzeigen lassen. Dazu klicken Sie unten im Terminal auf die

„Konto Historie" und danach mit der rechten Maustaste in das angezeigte Feld. Im dann sich öffnenden Kontext-Menü können Sie unter „Anpassen Periode" den gewünschten Zeitraum auswählen. Am besten man nimmt hier einmal die letzen vier Wochen und klickt dann noch einmal mit der rechten Maustaste und wählt im Menü dann „Als ausführlichen Bericht speichern". Danach können Sie diesen Bericht abspeichern und dann müsste sich Ihr Webbrowser damit öffnen. Wenn Sie in diesem Dokument ganz nach unten scrollen, finden Sie folgenden Textblock:

Gross Profit:	18 079.33	Gross Loss:	7 360.31	Total Net Profit:	10 719.02
Profit Factor:	2.46	Expected Payoff:	369.62		
Absolute Drawdown:	0.00	Maximal Drawdown:	2 255.00 (2.33%)	Relative Drawdown:	2.33% (2 255.00)
Total Trades:	29	Short Positions (won %):	18 (83.33%)	Long Positions (won %):	11 (54.55%)
		Profit Trades (% of total):	21 (72.41%)	Loss trades (% of total):	8 (27.59%)
Largest		profit trade:	3 160.00	loss trade:	-1 390.00
Average		profit trade:	860.92	loss trade:	-920.04
Maximum		consecutive wins ($):	7 (4 408.38)	consecutive losses ($):	2 (-1 325.00)
Maximal		consecutive profit (count):	5 222.61 (5)	consecutive loss (count):	-1 390.00 (1)
Average		consecutive wins:	3	consecutive losses:	1

Unter diesen vielen Werten gibt es zwei Werte auf die Sie besonders achten müssen: Die Trefferquote und der durchschnittliche Gewinner und Verlierer. Sie finden die Trefferquote unter Profit Trades (% of total) und Loss Trades (% of total). Dahinter seht die jeweilige Prozentzahl der Gewinn- und Verlusttrades. Unter „Average profit/loss trade" sehen Sie, wie hoch im Schnitt ihre Gewinner und Verlierer sind. In dem gezeigten Beispiel (es ist eines von mir), sehen Sie, dass der durchschnittliche Gewinner sogar kleiner als der Verlierer ist. Das liegt daran, dass ich meine Stops immer sehr schnell nachziehe und des Öfteren nur ein paar Pips mitnehmen kann. Dafür wirkt sich das aber wieder positiv auf meine Trefferquote (72%) aus. Mit dieser Erfolgsquote brauche ich kein besseres Verhältnis. Trotzdem sind die ursprünglichen Stop-Loss Orders auch bei mir immer näher als die Kursziele, aber man kann hier ganz gut erkennen, dass es eben in der Praxis meist anders aussieht. Nicht jedes Kursziel wird erreicht und es kann immer wieder zu Interferenzen im Markt kommen, die einen Trade vorzeitig in den nachgezogenen Stop drücken. Deshalb ist der tatsächliche und durchschnittliche CRV so wichtig, denn das bloße Setzen der Orders ist alles nur Theorie, hier sehen wir die Realität.

Wenn ich mein Statement jetzt so ansehe, weiß ich, dass soweit alles OK ist. Zwar könnte der Durchschnittsgewinn ein wenig höher sein, aber solange die Trefferquote über 70% bleibt, ist das kein Problem. Und da ich weiß, dass diese Zahlen aufgrund meines schnellen Nachziehen so sind und ich ja trotzdem profitabel bin, gibt es hier keinen Grund etwas zu ändern. Das kann man aber nur wissen, wenn man sich regelmäßig diesen Report ansieht und das machen leider nur die Wenigsten.

Sehen Sie sich also Ihren Report einfach einmal an. Wenn Ihr Trading unprofitabel war, dann gibt es grundsätzlich immer zwei Möglickeiten: Entweder Sie erhöhen die Trefferquote oder das Verhältnis zu Gewinner und Verlierer. Beides gleichzeitig ist nicht unbedingt notwendig, also überlegen Sie sich, was Ihnen leichter fällt. In meinem Beispiel ist der durschschnittliche Gewinner bei 860,92 USD. Jeder Gewinn, der also größer als dieser Betrag ist, erhöht den Schnitt. Das Gleiche gilt für die Verlustzahl in die andere Richtung. Die Erfahrung zeigt, dass es immer leichter ist, den Durchschnittswert der Verlierer zu verkürzen, als den Wert der Gewinner zu vergrößern. Sollten Sie in dieser Lage sein, versuchen Sie zunächst einfach Ihre Verlusttrades kürzer zu halten. Setzen Sie trotzdem die Stops wie gewohnt. Sollte ein Trade aber ins Minus gehen, versuchen Sie, diesen bereits vor dem Erreichen vom Stop-Loss zu schließen. Sie kennen bestimmt die Situation, wenn eine Position nicht so gut läuft und Sie bereits vorzeitig wissen, dass Sie gleich ausgestoppt werden. Was spricht in solch einem Moment gegen eine vorzeitige Schließung? Jeden Pip, den Sie über Ihrer Stop-Order schließen, spart Ihnen Geld und drückt somit den Betrag des durchschnittlichen Verlierers näher in Richtung „0".

Sollten Sie doch lieber die Trefferquote erhöhen wollen, dann sollten

Sie darüber nachdenken, ob es öfter vorkommt, dass Trades die bereits im Plus waren, wieder zurück ins Minus kamen. In diesem Fall kann ein schnelleres Nachziehen des Stops behilflich sein, oder ein manuelles Schließen bei Umkehrsignalen (wir haben in diesem Buch bereits einige Konzepte für den vorzeitigen Ausstieg besprochen).

Fazit

Egal ob Sie am Durchschnitt oder an der Trefferquote schrauben, das Eine wird immer auch das Andere beeinflussen. Deshalb ist es wichtig, diesen Report auch öfters abzurufen und zu kontrollieren, am besten täglich. Wenn Sie zum Beispiel die Trefferquote erhöhen, indem Sie schneller den Stop nachziehen, könnte es passieren, dass manche Trades dadurch vorzeitig geschlossen und somit große Gewinne ausbleiben, die es sonst gegeben hätte. Dies wird dann wieder den durchschnittlichen Gewinner nach unten drücken. Sie müssen sich langsam herantasten und die Mitte finden.

SCHLUSSWORTE

Schlussworte

So, das war's! Wir haben uns mehrere technische Tradingansätze angesehen, über Verhaltensregeln und Gier, Rachsucht und Ungeduld, über den Weg zum Trader gesprochen und mit dem Money Management noch ein wichtiges Fundament für den Erfolg durchleuchtet. Ich hoffe, dass Sie viele neue Erkenntnisse für sich mitnehmen konnten. Doch erst jetzt geht die eigentliche Arbeit los. Neu erlerntes Wissen sollte man niemals einfach so ins Livetrading übernehmen, sondern immer zuerst seine eigenen Tests machen. Machen Sie sich dabei keinen Stress, sondern eröffnen Sie erst einmal ein Demokonto, um ein wenig zu experimentieren. Suchen Sie zudem nach Beispielen in der Vergangenheit von allem über das ich in diesem Buch gesprochen habe und schulen Sie dabei Ihr Auge, um diese Formationen auch in Zukunft im laufenden Markt erkennen zu können.

Ich bin mir sicher, Sie konnten sich in den beiden psychologischen Kapiteln (2. Verhaltensregeln, 4. Der Weg zum Trader) zum Teil wiedererkennen. Sollten Sie es nicht schon längst gemacht haben, gehen Sie am besten noch einmal in sich selbst. Es ist wichtig, sich selbst zu kennen und sich auch die eigenen Fehler bewusst zu machen, denn nur so kann man an sich arbeiten.

Sie kennen bestimmt die bekannte Theorie, wonach aus 100 Tradern 95 Geld verlieren und nur 5 davon Gewinn machen. Das sind nicht besonders tolle Aussichten, würden manche jetzt sagen, doch vergessen Sie eines nicht:

50 Leute davon geben nach den ersten paar Monaten und den ersten Verlusten auf, da es ihnen dann doch zu schwierig ist. Weitere 10 Trader sind unbelehrbar und denken, sie wissen bereits alles. Andere 10 sind einfach zu faul sich weiterzubilden. Von den restlichen 30 sind dann noch welche dabei, die in den ersten Wochen ihr gesamtes Geld

verzocken oder es kommt etwas Anderes dazwischen. Am Ende bleiben dann vielleicht noch 10 Trader übrig, die auch tatsächlich lernwillig sind und den Willen haben, es zu schaffen. Die gute Nachricht: zu diesen Tradern gehören auch Sie, denn ansonsten hätten Sie wohl kaum dieses Buch bis zum Ende gelesen. Sie müssen also statistisch nur noch 5 Trader abschütteln und Sie gehören zu den Auserwählten. Die Chancen stehen also gar nicht mal so schlecht.

Ich möchte Ihnen zum Abschluss noch viel Erfolg auf Ihrem weiteren Trading- und Lebensweg wünschen und würde mich freuen, von Ihnen zu hören. Besuchen Sie meine beiden Webseiten www.FOREX-CRASH-KURS.de und www.FOREXNOW.de, ich werde laufend neue Lernvideos und Texte veröffentlichen, die Ihnen dabei helfen können, Ihr Ziel zu erreichen. Vielleicht sieht man sich ja auch mal bei einem Seminar oder einer anderen Veranstaltung...

...bis dahin, alles Gute!

Mario Kofler

Printed in Poland
by Amazon Fulfillment
Poland Sp. z o.o., Wrocław